Tuj

Mingren Congshu

图解天下名人丛书　　本书编写组◎编

罗斯福

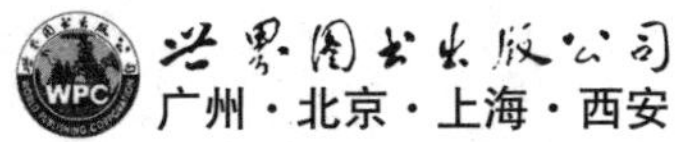
世界图书出版公司
广州·北京·上海·西安

图书在版编目（CIP）数据

罗斯福/《图解天下名人丛书》编委会编．—广州：广东世界图书出版公司，2009．9（2024.2 重印）
（图解天下名人丛书）
ISBN 978－7－5100－0700－2

Ⅰ．罗… Ⅱ．图… Ⅲ．罗斯福，F．D．（1882～1945）—传记—画册 Ⅳ．K837．127－5

中国版本图书馆 CIP 数据核字（2009）第 146674 号

书　　名	罗斯福 LUOSIFU
编　　者	《图解天下名人丛书》编委会
责任编辑	韩海霞
装帧设计	三棵树设计工作组
出版发行	世界图书出版有限公司　世界图书出版广东有限公司
地　　址	广州市海珠区新港西路大江冲 25 号
邮　　编	510300
电　　话	020-84452179
网　　址	http://www.gdst.com.cn
邮　　箱	wpc_gdst@163.com
经　　销	新华书店
印　　刷	唐山富达印务有限公司
开　　本	787mm×1092mm　1/16
印　　张	12
字　　数	150 千字
版　　次	2009 年 9 月第 1 版　2024 年 2 月第 10 次印刷
国际书号	ISBN　978-7-5100-0700-2
定　　价	59.80 元

前 言

富兰克林·罗斯福（Franklin Roosevelt）（1882～1945）美国杰出政治家，美国第32任总统，也是美国历史上唯一连任4届的总统，任期达12年之久。富兰克林·罗斯福出生在纽约哈得逊河畔一个殷实、富有、显贵的荷兰后裔家庭。幼年时在父母的极度宠爱中度过。父母常带他去欧洲旅游，使他不仅开阔了眼界而且学会了法语、德语。

罗斯福14岁时入葛罗顿公学，18岁时入哈佛大学，在此获文学学士学位，22岁进入哥伦比亚大学学习。1905年3月，罗斯福与时任美国总统的西奥多·罗斯福的侄女结婚，总统亲自出任证婚人。1913年任海军部副部长。1921年因患脊髓灰质炎（俗称小儿麻痹症）致残。1928年任纽约州州长。1932年竞选总统获胜。罗斯福是在经济危机最严重的时候临危受命。罗斯福从整饬金融开始，在被称为“百日新政”的3月9日至6月16日的短暂时间内，制定了15项重要立法，并由此使美国的工业、农业逐渐全面恢复。他迅速地推行新政，在社会保障、社会管理和社会控制方面采取了有效措施。1936年，在第一个任期终了时，国民收入增长了50%。罗斯福把新的观念、新的勇气和新的自信赋予了美国，并使美国重获控制自己命运的能力。而他的敌人则予以极力否定。罗斯福执政之前，美国几乎每隔20年就发生一次经济危机。新政成了资本主义经济的安定剂，它有效地防止了国家受到持续半世纪之久的经济危机的危害。通过新政，美国完成了资本主义自救。罗斯福帮助美国人重新获得了自信。

罗斯福一直奉行美国实行睦邻友好政策，把《门罗宣言》从一个单方的美国宣言改变成对抗侵略者的共同的行动。另外，他也试图寻找中立的法律来保证美国不涉入欧洲的战争之中，同时他也注重加强国家的威胁和攻击力。罗斯福以“新政”对付经济危机，颇有成效，故获得1936年、1940年和1944年大选连任。

在外交上，罗斯福提出“睦邻政策”，力图缓和美国与拉丁美洲各

国之间的紧张关系。第二次世界大战爆发后，他极力反对德、意集团的侵略和战争政策。

第二次世界大战初，当法国和英国开始衰落时，他又开始给英国所有可能的除了实际军事介入之外的帮助。美国采取不介入政策，但对希特勒采取强硬手段，以“租借法”支持同盟国。当日本1941年12月7日偷袭珍珠港的时候，罗斯福总统直接组织全国的各种人力和资源准备参加全球战争。1941年底，美国参战。二战中，罗斯福代表美国2次参加同盟国“三巨头”会议。作为反法西斯的盟国和盟军，罗斯福是举足轻重的领导人。为反法西斯战争的胜利，罗斯福及美国政府和人民，都做出了巨大的贡献。

罗斯福政府提出了轴心国必须无条件投降的原则并得到了实施。1941年8月他与丘吉尔提出了代表资本主义世界政治的《大西洋宪章》。罗斯福提出了建立联合国的构想，也得到了实施。1945年4月12日，罗斯福63岁时由于脑溢血突然逝世。他足可以为身后的一切欣慰：他去世后25天，德国无条件投降；3个月后，日本无条件投降。而那个他伴随一生并与之顽强斗争的脊髓灰质炎症，也在他去世整整10年后——1955年4月12日被最终攻克。

罗斯福是一个乐观主义者，命运赐给他英俊的容貌、善良的性格和聪明的天赋。他勇敢地战胜了脊髓灰质炎，并把自信和希望带入到一个神圣而又坚强的民族心中。他是身残志坚的代表，也受到世界人民的尊敬。

罗斯福是20世纪最受爱戴和最令人憎恨的美国总统。他受人爱戴是因为虽然他出身贵族，但他相信平凡人的价值，并且为维护百姓的权利而战。他受人爱戴的另一个原因是，他有着迷人的魅力。他愉快地工作，对未来充满信心。但是他也受人憎恨——这是因为他提倡变革，且他的变革降低了那些从旧秩序中获益不菲的人物的权力、地位、收入和尊严。历史学家和政治学家们一致认为：罗斯福同华盛顿、林肯一样，是美国最伟大的三位总统之一。

目录

学生时代

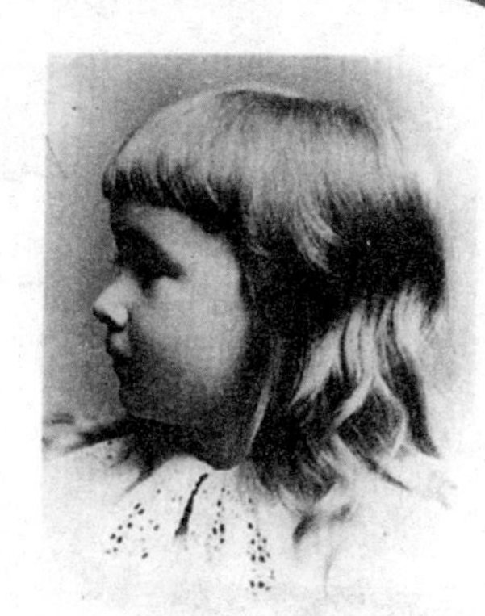

步入政坛

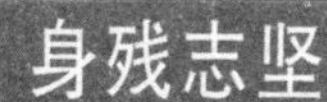

身残志坚

目录

进军白宫

战争考验

学生时代

失败固然痛苦，但更糟糕的是从未去尝试。

——罗斯福

海德公园的童年

富兰克林·德兰诺·罗斯福出生在一个严冬的早晨，那时，哈德逊河的河面因结冰而呈现一片灰白，沿河的树叶也都凋落了。在那栋可以从西面窗户俯视绵延到河边的山丘的大房子里，罗斯福的家人却无心注意这季节的景观，他们个个神色肃穆地穿梭来去。男主人、医生、护士和仆人们都在悄声低语。

“先生，我真没想到这个小男孩居然能够活着出世！”护士向詹姆士·罗斯福坦言说道。

莎拉·德兰诺·罗斯福躺在有着高大床头板的桃花心木床上休息，她使用了过量的哥罗仿麻醉药，好一段时间情况都很危急。现在，她和婴儿均已脱离危险，这个出生于1882年1月30日的孩子，正和他的母亲一样安静地休息着。

詹姆士·罗斯福先生在描述他妻子的日记中记载：“8点45分，我的莎拉产下一个相当重的男婴，他不穿衣服就有10磅重。”

他在空白的西联电报纸上给因上次婚姻而生的儿子罗西写道：“莎拉生了一个壮小子……她经历了一段非常艰苦的时光。”

这个消息不是用电报拍发的，而是医生在回波福克西的路上顺便把这电报纸丢在罗西家里的，因为罗西就住在南边的隔壁。

孩子的母亲莎拉·德兰诺是詹姆士·罗斯福的第二任妻子。她只有27岁，和她的继子罗西年龄相仿。詹姆士本人则有54岁了，他不知道岁月还能允许他教导这个次子的时间有多久。

残冬消逝，春天的脚步接踵而至，地面上的积雪开始融化了，最后一些凹凸不平的冰块也顺着哈德逊河漂流而下。莎拉·德兰诺·罗斯福这时已经能够起床活动，她花了许多时间来照顾她的第一个，也是唯一的一个孩子。

“这孩子身体健康，脸色红润，是多么可爱啊！”她说道。虽然一直有婴儿保姆来照顾孩子，还有其他佣仆的帮忙，她仍然坚持亲自为孩子洗澡、穿衣服。

1886年4岁时蓄长发的罗斯福

父母为这孩子取的第一个名字叫沃仁，是取自莎拉·罗斯福的父亲之名，但是当他们征询她新近丧子的哥哥沃仁·德兰诺——另一位沃仁的意见时，他对他们说道：“如果你们依父亲之名为你们的儿子命名，我实在无法忍受，因为它将会永远使我想到我那死去的儿子。”

他们虽然很失望，却并不惊讶；当然，他们改变了计划，最后决定依莎拉父亲的哥哥之名为这男孩取名为富兰克林·德兰诺。当罗斯福7个星期大时，他们便为他穿上有精美绣饰和纽扣的白色长袍，然后开着大型敞篷车到坐落于海德公园村的圣詹姆士教堂附属礼拜堂，以圣公会的虔诚为他施洗。

3月里，乡下的小路泥泞不堪，但是沿着爱伯尼邮路到前面那座高耸尖塔的小教堂的路程倒是不长，只有 3 英里而已，典礼仪式也很简短。敞篷车沿着整个房子的东边向南边奔驰，很快便转回到长长的“春林”汽车道上，乘客们在大门口的停车处下车。不一会儿，所有的房间都充满了洗礼茶会的欢声笑语。

“说不定将来有一天他会成为总统。”富兰克林·罗斯福的父亲说道。

“哦，不!”他的母亲抗议着，“我永远都不希望他从事政务。”

从溺爱他的母亲和保姆身上，富兰克林·罗斯福得到了慈祥、关爱与照顾。当他 5 岁时，他的男性本色就使他开始反抗过多的保护、华丽的礼服和他必须蓄留的金黄色卷曲长发。最后，罗斯福太太只好让步了，她含着眼泪剪掉儿子的长发，并且允许他穿裤装。有一阵子，她为了补偿自己而给罗斯福穿上苏格兰短裙和配有蕾丝边的天鹅绒套装，结果他的蓝眼睛马上就冒火了，他想要穿得像个水手，因为他太喜爱帆船了。

富兰克林·罗斯福之所以喜爱帆船是有原因的。他的外祖父德兰诺拥有一支从事中国贸易的帆船队，船队通常都会从麻萨诸塞洲新贝福港出发，他的母亲 8 岁时就乘坐帆船到过中国。

1891 年，罗斯福、詹姆士·罗斯福、莎拉·德兰诺·罗斯福在纽约海德公园

那是一次环绕好望角的旅程，历时 4 个月。直至她跟儿子讲述这个故事时，眼中仍然闪烁着孩提时所感受过的兴奋。

在“春林”阁楼上，富兰克林·罗斯福发现了一个破旧的小箱子，那是他祖先航海时用过的，里面有一顶 1812 年的水手帽、一艘模型船、几本旧书和一座铜炮；此外，最好的就是箱子里面有一股由于经年在海上航行所留下的霉腐味。

富兰克林·罗斯福从很早就开始制造自己的帆船，每一条新造的船都比以前所造的更经得起航行。每年，当他和家人前往避暑别墅时，他都小心地带着这些船只，在波塞玛克蒂海湾的岸边试帆。完成这段旅程要先坐火车到缅因州的东港，然后渡河到坎波伯乐岛。随着年龄的增长，富兰克林·罗斯福越来越喜欢到那儿度假。他喜欢与历史上闻名的加拿大岛上的老年居民交谈，听他们讲述当地各种令人毛骨悚然的传说以及暴风雨、船只遇难和海盗的故事。

他最要好的户外伙伴是他的父亲，父亲和富兰克林·罗斯福一样喜爱船舶。有时候他们一起设计玩具船，有时候詹姆士·罗斯福带儿子出去乘坐真正的帆船——他们的“半月号”——一艘 50 英尺的游艇。航行于海湾上时，他就会教儿子操纵这条船。

但是在海德公园，这对父子发现了更多可以共同参与的事情：冬天溜冰、滑平底雪橇及冰上滑船；夏天则钓鱼和打猎。“春林”实际上是个农庄，詹姆士·罗斯福则是一位乡下大地主，他认为，他的儿子应该跟自己学习如何治理那有朝一日将会由儿子来继承的产业。他们一同检视菜园、果园、一大片以常青树作为围篱的玫瑰园、温室、马厩里的马群以及车房。

富兰克林·罗斯福的室内同伴则是他的母亲。她是个受过特别教育而且具有音乐天赋的人，她白天为富兰克林·罗斯福弹奏和唱歌，晚上又读书给他听，在他生病时更是悉心照顾。此外，她像他的父亲一样分担管理众仆云集的大家族所遭遇的各种难题，这也是富兰克林·罗斯福必须要学习的事情。

1887 年，罗斯福（左）在纽约

富兰克林·罗斯福一家深受邻居们的喜爱，与他们相处得也很融洽。富兰克林·罗斯福家的北面是纽伯家，他们的房子距离小路要比距离河边近一点，从他们家再上去就是罗吉斯家了。罗吉斯家有 4 个男孩、2 个女孩，其中爱德门·罗吉斯和富兰克林·罗斯福因为年龄相近，很早就成了好朋友。

他们的第一个共同计划是在一株高大的古树上建造一幢叫做“船”的房屋，然后用它航行到中国和婆罗洲。他们共同建造的第二条船是一具真的木筏，因为在河边钓鱼已经变得单调乏味了，他们想要出航到更深的水域。

他们认真地工作，把嫩树枝砍下来紧紧地绑在一起。但是，他们把两人的杰作推到附近的小海湾并且爬上船后，随着快速急转的水流，船沉了下去，于是他们就站在深及腰部的水中了。他们过去总以为不管船上有没有承载货物，它们都会漂流。

除了罗吉斯家的男孩外，富兰克林·罗斯福童年的玩伴多半是成年人，其中大部分都是他的亲戚。

有时候，一屋子的亲朋访客中也会有一些小孩子。例如，他的教父艾略特·罗斯福就有个女儿，她的名字叫爱伦娜，比罗斯福小 3 岁。她来他家的时候，富兰克林就喜欢趴在地上让她把他当做马骑着玩。

富兰克林·罗斯福常常都会搞不清楚自己和许多名叫罗斯福或德兰诺的人的真正关系。

“爱伦娜是第几个女儿呀?”他问道。

“你们是远房亲戚。”别人回答他。

不管是在邻居家的孩子还是来访亲友中的孩子们之间，富兰克林·罗斯福总是公认的领袖。他喜欢命令周围玩伴的倾向越来越强烈，他的母亲也时常为此而斥责他。

“孩子，不要每次都由你来发号施令，有时候也让别的男孩子过过瘾吧。”

“妈妈，如果我不发令的话，那就什么事都做不成了。”他回答道。

富兰克林·罗斯福虽然备受宠爱，但是他的父母对于他那些需要改正的坏习惯却也很留意。他们的亲戚中甚至有人觉得——并且说出他的父母对他太过严厉，但是，莎拉和詹姆士·罗斯福心里明白，必须防备被宠坏的情况。

骑在马上的幼年罗斯福

他的母亲注意到，他没有认输的风度。有一天晚上，母亲和他玩“老处女”的游戏，当他发现自己是输家时就恼羞成怒；还有一天，两人在玩“越野障碍赛

马”的游戏时，母亲的玩具马赢了，于是他又勃然大怒，母亲猛地把玩具从桌上拾起，并且表示永远不再和他一起玩，直到他能够输得起为止。这是颇为适当的一种处罚，因为他很喜欢玩这种游戏。

富兰克林·罗斯福的正规教育开始得很早，在他还留着鬈发、穿着礼服时就已经开始了。他的家庭教师不论男女都是具有欧洲背景的人，因此，他可以跟他们学习另一种语言，通常是法语或德语。

此外，还有几年，他总是严格地遵循着学校的时间表：7 点起床；8 点吃早饭；9～12 点上课；出去玩 1 小时后吃午饭；然后再念书到下午 4 点。就这样，像他这样精力充沛的男孩儿几乎没有足够的自由，他开始变得忧郁、沉闷而且沮丧，直到他母亲和他促膝而谈，试图发掘问题症结的时候。

“你不快乐吗？”

“是的，我不快乐。”

“你为什么不快乐呢？”

“哦，是为了自由呀！”他情绪激动地说。

第二天早上，他的父母显然已经商量过这件事，他们宣布今天他可以做他喜欢做的事而且不受任何约束。

他总算可以随心所欲了！于是他穿上夹克、戴上帽子冲出了家门，跑下长长的山坡来到河边，又沿着河岸穿过树林，爬上另一座小山。他倾听着各种鸟类的叫声，仔细地听了再加以辨别。他甚至忘了吃饭，直到他感到饥饿。他想找一个罗吉斯家的男孩来做伴，但是他们都被各自的家庭教师像看犯人一样地看着。今晚他就要告诉他们，他发现了生命中新的喜悦，还有，他有着既慈爱又明理的双亲。

太阳发出的炙热过了之后，树林里寒意逼人。他渐渐感到疲倦了，但仍继续漫步。自由就是自由，他必须充分地加以利用。

最后，疲乏战胜了他，他渴望着家人相聚的客厅里壁炉噼啪作响的舒适温暖，于是他拖着沉重的步伐走回家去。到家后，他发现他仍然拥有自由，没有一个人问他到哪里去了，也没有一个人给他任何命令。他觉得脏，就决定好好地洗一洗；他觉得饿，便要了点东西来吃；他觉得困，虽然还不到睡觉时间，他却准备上床睡觉了。

第二天早上吃过早饭，即使他的自由尚未停止，他还是爬上楼梯到"塔屋"，在老师对面的小圆桌前坐了下来。

在这间屋子的一端，有一个像塔一样耸起的方形边厢，所以这间屋子比富兰克林·罗斯福的房子高了一层，它顶楼上的房间便是富兰克林·罗斯福的学习室、游戏房和宝物贮藏室。

在他10岁的时候，在"塔屋"上课的人就从只有他自己变成了好几个人。他和爱德门以及圣詹姆士教堂牧师的两个儿子一起跟随一位家庭教师读了两年书。他们聚集在罗吉斯家一座巨大而古老的灰色石头建筑角楼上的一个圆形房间里。

富兰克林·罗斯福喜欢读书，他机智而且反应敏捷，他读的书往往比被指定的功课要多得多。他父亲有一间大图书馆，他被允许阅读任何他想读的藏书。他特别喜欢地理和历史，尤其是航海史。他富裕的父母给他机会去发掘任何他可能具有的才赋。有一阵子，他为弹钢琴和绘画课程感到苦恼，而且，不久事实就表明，他并没有艺术天分。

他是个好动且喜欢户外生活的人。冬天他喜欢在罗吉斯家的池塘上溜冰；夏天则愿意骑着他的威尔斯小马黛比，或是带着他的红色撒特猎犬马克斯门漫步于丛林之中。那些野生鸟类和它们的习性很久以前就使他困惑，由于父亲的鼓励，他渐渐成为一个辨认鸟类的专家，于是更多有关鸟类生活的书籍开始出现在他自己的房间里。

11岁生日那天，他的父亲送了富兰克林·罗斯福生平第一支打猎用的来福枪，他高兴得不得了。现在，他必须学习使用，以及安全而熟练地照料它，他必须成为海德公园中最好的神射手，他必须穿过长达数里的丛林。他知道他想做什么，他要

1889 年 4 月，罗斯福骑着小马在纽约海德公园

开始建立自己的鸟类博物馆。

“如果你们不介意，我需要楼下大厅一个书柜，来放置我堆积如山的标本。”他告诉双亲，他们也向他保证没问题。

他开始继续打鸟，他打下了一只乌鸦、一只知更鸟、一只啄木鸟和一些比较容易被初学“枪手”击中的较大且较笨拙的鸟。但是当他着手进行第一只乌鸦的清洗和剥制工作时，他发现这对他来说还是有困难的。一方面，他的技术还不够娴熟，另一方面他的志向也不在此。那么，为什么不把这份工作分派给最适合做它的人呢？在这个地区他差不多每个人都认识，而这些人中就有一位标本师傅。

“这是一把好枪，”当富兰克林·罗斯福出现在那人的店里时，他说，“你要射击你所看到的每一只鸟吗？”

“哦，不！”男孩抗议道，“每一种我只要一只，而且我将永远不会射杀小鸟。”

富兰克林·罗斯福和这位师傅的友谊增长得很快，因为他将鸟一只接一只地带到店里剥制——一只金莺、一只苍鹭和一只鹰——然后又小心地把它们带回去，放在大厅中的玻璃柜子里。

他搜集的愈多，兴趣便愈浓厚。他不管去任何地方，都想知道当地鸟类的生活情形，甚至在国外也是如此。有时候罗斯福的家人会到欧洲旅行度假，于是他就有了许多观鸟和到其他国家的自然历史博物馆参观的机会。如果知道了当地某个市民有自己收藏的私人标本，他总是会巧妙地想办法让自己能够去参观。

罗斯福的家庭是个卓越的家庭，他们在国内和国外都有许多声名显赫的朋友，富兰克林·罗斯福也就很容易地习惯了这种生活方式。

他所有的亲戚几乎都曾到世界各地旅游，因此寄到海德公园来的邮件上便有许多奇妙而有趣的邮票。于是他开始对邮票感兴趣了，很快成了他另一项终身的嗜好。

他的父母承认，他们从来都不知道有人能像富兰克林·罗斯福一样有这么多享受生活的方法——不管与这些人、鸟、鱼、船舶、邮票、书籍和游戏有没有友谊，他总是有一些有趣的事可以告诉别人，和富兰克林·罗斯福的谈话永远不会让人觉得枯燥。

当他到了青少年时期，他变得更为亲切、友善、自恃，他爱好交际，并且很迷人。

1887 年，童年罗斯福与其父亲在华盛顿

“我希望他不要变得太过自负。”他父亲想了想说道。

“他是非常英俊，詹姆士，”他母亲说，“他马上就要到被女孩子们注意的年纪了，她们绝不会让你纠正他的自负。”

他的堂哥泰德·罗斯福在处理公务方面渐负盛名，这对于富兰克林·罗斯福谦逊性格的形成并无助益。当时，泰迪

（泰德的小名）堂兄已经是纽约州议会的议员，并且是共和党竞选纽约市长的候选人，当富兰克林·罗斯福 13 岁时，泰迪堂哥就已结束了在华盛顿的 6 年全国行政事务官的任期而被派任为纽约市警政官。

然而，富兰克林·罗斯福那份被父亲所担忧的自负似乎并没有影响到他的社交生活。 正如他母亲所说的那样，女孩子们开始注意他了；他也开始珍视与她们的交往。 住在附近的玛丽·纽伯是一个与富兰克林·罗斯福一起骑脚踏车或在哈德逊河上划独木舟的好伙伴，也是他在她家后面草地的网球场上的真正对手。

爱伦娜——安娜·爱伦娜·罗斯福——在富兰克林·罗斯福还小的时候骑在他背上的青梅竹马的朋友爱伦娜，现在已经搬到哈德逊河谷地——在哈德逊河上游大约 20 里的地方，靠近田佛利。 在爱伦娜 8 岁的时候，她的母亲去世了，10 岁时父亲也接着病逝了。 所以她现在与外祖母何尔住在一起。 何尔家是维利地区的一个老家族，在纽约也很有地位。

其实，追溯祖先到殖民时代，就会发现所有和富兰克林·罗斯福亲近的人都是哈德逊河流域的居民。 詹姆士·罗斯福的祖先是荷兰移民，曾住在纽约市，富兰克林·罗斯福的曾祖父于 1760 年迁移到海德公园区。 莎拉·德兰诺·罗斯福的祖先比“五月花”号晚一年登陆普利茅斯。 那时的莎拉还是个小孩，她的父亲从事快速帆船贸易致富之后，就买下了一幢叫艾哥耐克的房子——在哈德逊河另一边，位于海德公园下面大约 20 里

“五月花”号

处，所以，在海德公园的罗斯福家就居于德兰诺家族和何尔家族之间。

尽管与何尔家的距离不到一天车程，富兰克林·罗斯福和爱伦娜在之后他们成长的岁月中几乎很少见过对方，这主要是因为他们在求学方面追求各自不同的目标。爱伦娜十几岁时就被送到英国的一所学校念了3年书，而富兰克林·罗斯福14岁时被送到马萨诸塞州的一所男孩寄宿学校葛罗顿就读。

那时候，富兰克林·罗斯福已经长得非常高大，各种户外活动使他拥有健美的身体和泛红的健康肤色。在葛罗顿他可以花多少时间做室外活动呢？这连他自己也不知道，因为这将是他生平第一次离开父母，进入学校生活，也是第一次独自面对这么多陌生人。他也不能再任意把不喜欢的教师辞退了。不过，他儿时的玩伴爱德门·罗吉斯同时也将到葛罗顿去，这对他倒是蛮有帮助的。

他的父母还担心他性格上的羞怯。从小到大，他都是和成年的朋友及亲戚交往，他们受过充分的社交训练，也有足够的经验使别人感到安适。因此，富兰克林·罗斯福可能会发现，和他同年龄的男孩所建立的社交圈会显得不够亲切，甚至残酷。

富兰克林·罗斯福不知道马萨诸塞州的鸟是否和哈德逊河谷地的有很大不同。他留恋地注视着必须留在家里的标本，幽幽地说："哦，对了，一放假我还是可以回家的呀！"

知识链接

"五月花"号

"五月花"号是英国移民驶往北美的第一艘船只。"五月花"号载重约180吨，长90英尺。以运载一批分离派清教徒到北美建立普利茅斯殖民地和在该船上制定"五月花"号公约而闻名。分离派是英国清教中最激进的一派，由于受英国国教的残酷迫害，1608年8月离开英国到荷兰。其中一部分教徒决定迁居北美，并与弗吉尼亚公司签订移民合同。1620 年 9 月 23 日，在牧师布莱斯特率领下乘“五月花”号前往北美。全船乘客 102 名，其中，分离派教徒 35 名，其余为工匠、渔民、贫苦农民及 14 名契约奴。11 月 21 日，到达科德角（今马萨诸塞州普罗文斯敦），于圣诞节后第一天在普利茅斯地方上岸。在登陆前，即 11 月 21 日由分离派领袖在船舱内主持制定一个共同遵守的“五月花”号公约，有 41 名自由的成年男子在上面签字。其内容为：组织公民团体；拟定公正的法律、法令、规章和条例。此公约奠定了新英格兰诸州自治政府的基础。

葛罗顿中学

对于富兰克林·罗斯福的初次离家，大家都很不放心。1896 年一个灰色的九月天，6 个面容严肃的人驾着一辆闪闪发亮的马车向火车站行进。他们要从那儿坐火车到爱伯尼，然后再经波士顿和爱伯尼铁路到马萨诸塞州的艾尔站。这群人包括罗吉斯夫妇、爱德门、罗斯福夫妇以及富兰克林·罗斯福。

两个男孩一再获得保证，对于那些希望能上大学的男孩来说，葛罗顿学校是美国最好的学校之一。

事实上，有一位“罗斯福”正在葛罗顿等候着富兰克林·罗斯福，那就是他同父异母的哥哥罗西的儿子太弟。富兰克林·罗斯福将有一个年纪比他大的侄子作为高年级的同学，这倒是个麻烦。

富兰克林·罗斯福第一眼看见葛罗顿学校时，心中就不觉激荡了一阵。它像是一所大学校园：殖民地风格的红砖建筑面向宽广围绕的绿草地；坐落于东边的灰色石造小教堂使他想起在欧洲看到的哥特式建筑；还有那高大的方形小尖塔，看起来像牛津

少年罗斯福（左下一）和同辈的兄弟姐妹在一起

大学的麦格得伦塔。这是有原因的：美国的主教派教会相当于英国国教，而葛罗顿是一所主教派所办的教会学校，其中的建筑与牛津大学的相似也是有可能的。

北边的“河屋”是一栋宿舍，南边面对着它的是第二栋宿舍叫做“百屋”的，之所以叫做“百屋”，是因为在这栋楼里住了100个男孩。校园西区的末端是校舍，此外还有一些别的建筑，都等富兰克林·罗斯福日后再去辨认。

学校在一座低矮起伏的群峰中的小山丘上，山野上都有茂密的林木。究竟有多少只鸟隐藏在绵延不断的丛林中，而富兰克林·罗斯福又花了多少时间去追踪它们呢？冬天这儿的雪将会有多深？又会有多少冬鸟？南斯华河有多远，他可以划船或溜冰吗？

当富兰克林·罗斯福一行人进入校长办公室的时候，小教堂塔上的钟也正好敲了起来。当他抬头看到校长——一个将具有像他父亲一样的权威来管教他的人，他的兴奋变成了紧张。这位安迪考特·彼伯蒂是一个高大而稳重的人，看来好像可以成为任何一支足球队的得分手。他说话或发布命令时，通常都只说一次，并且毫无商量余地。相反，彼伯蒂太太则是温和而富有同情心的，她总是尽可能使新来的学生和家长感到舒适。

安迪考特·彼伯蒂是在英国受的教育，当回到故乡马萨诸塞州回创办葛罗顿学校时，他计划把它办得像一所英国的男校，称学期为“级”，并且有一套“级长”的系统来进行学生自治。他打算从每一个班选出几个学生来监督其他的学生，并且让这些监督者视此为一种荣耀和奖励，而最高的荣耀便是被选为级长。

1888年2月时的罗斯福，摄于纽约海德公园

富兰克林·罗斯福的双亲视察过男生宿舍后就开车离去。这是富兰克林·罗斯福和爱德门第一次真正和他们的家人分开，但是他们却都没有哭。

将富兰克林·罗斯福的房间叫做“斗室”真是名副其实，它只有大约6英尺宽、9英尺长，里面有一张窄窄的床、一个五斗橱和一把椅子，门是一条窗帘，衣柜则是墙上的一排钩子。

他的课程很紧凑，每天必须在7点半以前起床，淋个冷水浴，然后穿好衣服准备吃早饭。吃过早饭后，他和其他的男孩子一起排队到教堂去做礼拜。课程在8点半开始，中午休息吃午饭，下午则被消磨在运动场上。晚上，男孩子们身着“盛装”——从硬挺的领子到他们的黑色便鞋来进晚餐。这是一所高级而昂贵的学校，它责任中的一部分就是训练学生成为绅士。晚饭后，学生们有一段读书时间，之后，他们排队去跟校长及夫人道晚安，然后优雅地走回他们的小卧室。

离家住校的头几天是最难过的，尤其是第一天。经过一连串的新活动、新情景、新面孔和新责任后，富兰克林·罗斯福终于滑进床铺，把被子拉到颚下，情绪由兴奋渐渐变成疲乏，但是有一种感觉仍然存在，那就是饥饿。

他是“如此”地饥饿，吃惯了家里丰盛的餐食，就觉得葛罗顿的伙食在质量上，似乎都像僧侣吃的一样。但是他不能像在自己家里那样自由，他不能溜进厨房哄骗佣人给他一顿夜宵，在这儿他不再是“少主人”了。4年的这种生活将会带给他什么呢？入校的那天晚上和以后的几天里，他觉得自己简直和世界上饥饿的民族没有什么两样。

每当詹姆士·劳伦斯太太（罗斯福家的朋友，住在葛罗顿附近）邀请他去家里玩时，他都欣然接受。因为这是弥补他肚肠的好机会，这他很早就在家书上暗示了：“许多男孩都有别人送的水果存放在水果盒里，一星期拿出来三四次。你们能寄给我一些葡萄或其他水果吗？如果能那就太好了！”几天以后他又写道：“敏特太太（他父亲的表妹）在这里，我昨晚和她共进了晚餐……那晚餐的菜比起学校的伙食来实在是太棒了！过去三天，我们吃的都是香肠或香肠丸子，但是我也能处之泰然。”当然，一盒盒的食物立刻从家里寄来以缓解他的饥饿，他便迅速回信致谢：“糖叶和干梅都很好吃，我已经快吃完一半了。”

彼伯蒂太太有几个孩子，她知道年轻人们都很贪食，所以她常会邀请一群人到她家吃饭，有时甚至请他们吃早餐。

富兰克林·罗斯福和爱德门曾经以为他们会经常在一起，但是没想到各种活动很快就把他们分开了。在餐厅里，他们甚至被分派到两张不同的桌子上。但是在足球队里他们属于同一个队，而且也都被选入了学校合唱团。

叔侄问题对罗斯福所造成的困扰没有对他侄子的困扰多，因为同学们戏弄地叫罗斯福“富兰克林叔叔”，而却叫太弟“罗西侄子”。

富兰克林·罗斯福开始小心而默默地拓展他和其他同学之间的关系了。他以愉快、亲切而喜爱运动来增加自己在交友方面的魅力。葛罗顿很快地就引发出他应付新朋友、进而适应他们并获得友谊的本能。葛罗顿的学生经常用一些冷酷的办法来对付他们不喜欢的小孩。有些人被高年级的学生关在行李间或弯着身子被关进体育馆的小柜子里；有些人则被泼水，也就是说他们被带到洗澡房，然后被人用水泼满全身并把水灌进喉咙，而富兰克林·罗斯福则巧妙地设法逃过了这些处罚。

1889 年，罗斯福（右）

因为他是个好学生，老师也喜欢他，他在班上总是名列前茅。他写信回家时仍然是 9 月，“我没有任何不良记录……昨天早上考了代数，我得了最高分，前天我的英文作文也得了最高分……我喜欢希腊文。”由于他曾和法国家庭教师接触以及一些到国外旅行的经验，法文对他来说倒是蛮容易的。第一张寄到家的成绩报告卡上有一段彼伯蒂校长写的特别注解：“非常好，我觉得他是个聪敏而忠实的学生，他是个好孩子。”

在适应了葛罗顿之后，他在家信中显得更为快乐了：“昨天下午，我们的一流足球队和布鲁克林中学校队比赛，他们是一群粗人，被我们打得落花流水……我欢呼呐喊，结果到合唱团练习时才发现声音都喊哑了。”在那儿他仍有时间搜集邮票，这使他颇为高兴。“邮票总是能被欣然接受的。”11 月时，葛罗顿对圣马克斯比赛——葛罗顿队 46 分，圣马克斯队零分——使得他“喊破了喉咙，震破了耳朵，就差没有倒立过来了！”

12 月的降临带来了即将考试的忧虑，但随之而来的便是终于可以放假回家的激动与兴奋。

就在圣诞节的前几天，富兰克林·罗斯福回到了海德公园的家里，他已经不再是 9 月离家时的小男孩，而是一个青年了。当他踏进这温暖、慈爱和奢华的家时，等待着他的是一群假期访客、精细的德瑞斯顿瓷器、一个来自中国的精巧钵——装满了他们自己温室中的玫瑰花、一个他父母在荷兰度蜜月时买回来的大型挂钟、强调以稀有调味料烹饪的菜肴、等候装饰的圣诞树以及撒特猎犬的湿鼻子，面对这一切，他比以前更为镇定了。他的父母宠爱地靠拢他，想听听他在信上所漏掉的每一个小细节：比方说他觉得那儿的天气如何呢？大概像海德公园吧！当他提到一件辩论队里的趣事时，他的母亲抗议说他参加的活动可能太多了。

“真的，妈妈，你知道，我可以做许许多多的事情，但是无论如何，辩论都是必需的。”

罗斯福和他的母亲莎拉·德兰诺·罗斯福

“你常到葛罗顿山庄吗?”

“不常去。到那要走两里的路，而且那儿的天气非常寒冷。”

在家的假期活动使富兰克林·罗斯福把葛罗顿抛得很远，1 月 5 日坐上火车去学校时，他的兴致很高，因为如果头半年过得这么好，当然另外三年半也就没有什么好怕的了。当天晚上他就写信回家报告已平安到达，并且说这学期有一些新的同学进入他们学校，其中有一个来自芝加哥的，名叫罗伯特·R·麦卡米克的男孩。

因为加入了许多新同学，与富兰克林·罗斯福同桌吃饭的人数剧增，他开始想要离开“小孩桌”，去和年纪比较大一点的男孩坐在一起。在高起的讲台上，安迪考特、彼伯蒂夫人和级长们坐在头桌，富兰克林·罗斯福偷偷地瞥了一眼那些级长，觉得他们坐在那里就像是稀有鸟类栖息在那儿一样。

春季学期不如秋季学期过得顺利，他眼睛湿润、发着高烧被送到学校医务室，且被诊断为麻疹病例的时候仍然是 1 月份。像摩擦了阿拉丁的神灯似的，他的母亲像变魔术般地出现在他的病榻旁，等他一恢复到能够旅行时就立刻带他回家去休养了。一直到过了 2 月中旬，他才回到葛罗顿，他的母亲如果知道那时正有一种传染的流行性感冒——两个黄瘟病例就更不用提了——正在学校里蔓延，可能就不会让他回去了。

然而，富兰克林·罗斯福却没有染上流行性感冒，他不久就忙于和农业部通信，讨论他想去看的鸟类，更忙于准备他第一次的辩论赛。他的演说只有两分钟，但是他却依然很紧张。他下定决心要习惯于在众人面前说话，这种坚决的态度频频出现，于是辩论的魔力更激起了富兰克林·罗斯福坚强的意志。这次辩论的主题是“尼加拉瓜运河法案”，他渐渐发现错综复杂的政治还是蛮吸引人的。他注视着中美洲的地图，想到他母亲曾坐帆船绕过好望角到中国

罗斯福中学生时期的照片

的经历，就可以明白贯穿巴拿马地峡的运河对美国来说是多么有价值。

3月底，他参加了另一次主题为“兹决议，美国增加海军”的辩论。对这一观点，他是坚决的赞成者。新选出的总统麦金利将任命泰迪堂哥做海军助理部长，因此泰迪堂哥对于充实海军军备的主张雄辩滔滔。虽然泰迪堂哥是共和党人，但他的许多观点都很不错。

现在罗斯福在家信上的署名已经是“富兰克林·D·罗斯福”了，有时候则为“F·D·R”。

期中考过后，在纽约市第五街和第四十三街的“文艺复兴旅社”房间里，罗斯福和父母一起度过了一个短短的春假。对于父母不久就将出国的消息他感到很难过。詹姆士·罗斯福因为患有心脏病，健康状况不太好，他和莎拉都希望西德的白努汉温泉能对他的身体有所帮助。

“你们在国外时，我将会感到非常孤独，”罗斯福对他们说，“所以我盼望能收到你们的信，至少一星期两次，我会照例在星期天和星期四给你们写信。”

1885年的西奥多·罗斯福（泰迪）

整个春天他们都互相写大量的信件以安慰三个人的寂寞。据罗斯福描述，葛罗顿的复活节是寂静的，合唱团也并没有使他们显得特别突出。春天里，他告诉他们他喜欢做更多的户外活动，这其中包括高尔夫球；他曾和太弟一起划独木舟；兰若普·布朗在拳击赛中把他的膝盖打脱臼了……罗斯福和兰若普之间真正的友谊

正在萌发。此外，还有网球以及必定会有的棒球。

罗斯福喜欢棒球，但他必须承认不管怎么练习他都打不好。事实上，按照校长后来的解释，罗斯福喜爱运动，但是他的身材还没有魁梧到成为一流球队队员的地步。

5月中旬，天气已经暖和得让人们可以到河里游泳，罗斯福也可以数着父母归来的日子了。之后他们可以一起到坎伯贝乐避暑，不久后他又能够在“半月号”舵轮之上航行过芳迪海湾的水域了。

7月4日的他是孤独的，因此当泰迪堂哥的姐姐——W·莎菲·考乐斯太太邀请他到她长岛的家中过国庆日时，他欣然接受。令他惊讶的是，远在欧洲的母亲竟然来信表示坚决反对此事，而他的答复也同样令她惊讶——4号他将去拜访考乐斯太太，或者他也可以像他们一样称呼她贝咪表姐。他认为他可以制定自己的计划。“请不要为我将来的快乐再做任何安排。”这位独立性很强的年轻人宣称。

此外，泰迪堂哥风尘仆仆地来参观葛罗顿学校并向学生发表了令人激奋的演说，讲述他在纽约市警部工作的经验，他还邀请罗斯福到他在长岛牡蛎海湾的家去过国庆日。罗斯福决定两项邀请都接受，这样他的假期就可以分别在泰迪堂哥和孝利斯卡太两家度过了。

当然，到他父母回来的时候，他独立的表现也使他受到了严厉的斥责。但是当他们看到他那令人满意的年终成绩报告时，气氛就又明朗起来了。在一班的17个人中，他名列第四。虽然他的希腊文考试不及格，却刚好被几何成绩补救过来，所以他的平均成绩仍使他能够过关。

一家人在“文艺复兴社”团聚是令人愉快的，他体会到自己深爱着父母。之后，他们一家又去了缅因海岸的东港旅行。当莎拉踏上他们私人火车的阶梯时，用戴着手套的手拢了拢宽松的长裙，罗斯福看到自己的母亲是这么一位体面的淑女，他深深为她而感到骄傲，她依然像三十几岁，也依然风姿绰约；

而当他注意到父亲的老迈时，心里感到一阵惊慌的刺痛。詹姆士·罗斯福实际只有 69 岁，但是他的心脏病似乎使他显得较为衰老。

在火车上的时间漫长而无聊，罗斯福不安地走来走去。突然火车一倾斜，一根铁棒从他头上某处落下来，在他的前额狠狠地划了一道。罗斯福太太吓呆了，他却示意母亲保持冷静。

“我们不要惊动了爸爸。”他说。

“让我来替你包扎。”

罗斯福太太把伤口清洗干净，绑上绷带以后，他就戴上帽子站在外面的观测台上，这么一来他父亲就看不到刚才所造成的伤疤了。

“罗斯福，你考虑得真是周到呀!”他母亲说，“你记得那次在坎伯贝乐，你被打落了一颗牙齿，却因为怕我惊慌而不告诉我的事吗?”

“我永远不会忘记！”他笑了笑，“这颗门牙对我来说一直是个讨厌的东西。”

那真是一次非常痛苦的经历。他正在屋里大吵大闹的时候，一根碎木片刺到他嘴里，他猛地一咬就咬断了一颗门牙。那一次，他尽了最大的努力默默地忍受着疼痛。

1897 年夏天的美好没有被任何意外事件破坏。罗斯福一家和他们在坎伯贝乐的邻居们一起骑车、游泳、划船、徒步旅行和打高尔夫球。经过一个沐浴在轻快的加拿大海空之下的夏天，每一个人都带着泛红的脸庞回家。

那时的罗斯福已经长得很高大，当两年后回到葛罗顿时，他已是一个颇有教养的四年级学生了。他懂得了如何与人相处，并且准备补考希腊文和参加更多的时事辩论。在众人面前说话仍会使他颤抖，另外，他必须戴上金属箍来矫正牙齿。他因为变声而被合唱团剔除，然而终于能够用成年男子的声音说话却是令他高兴的。

秋季辩论最大的论点是“美国是否应该吞并夏威夷群岛”。罗斯福支持反对吞并的观点，演说辞写得很好也很周密，他不赞成美国占有需要花费高额的费用去建立防御工事的远方殖民地，那是违反门罗主义的。他宁愿看到政府花钱去加强纽约、波士顿和旧金山的防御。至于群岛将是美国海军便利的加煤站的说法，他认为“珍珠港（群岛之一的港口）虽属于美国，却并非众所周知”。

罗斯福在葛罗顿时，许多更有趣的议论到处弥漫。古巴人民起义反抗西班牙的统治差不多已经有 3 年了，美国干涉其中的问题也是备受议论的。一些轻率的报纸以暴力和英勇的故事来大肆渲染古巴暴动事件，其中有些故事是真实的，而大部分都是夸大其词。美国政府一直努力保持中立，但是西班牙和美国之间的紧张情势却不断高涨。

在华盛顿的泰迪堂哥作为是海军部副部长，只是一味地呼吁扩充军备、扩充军备、扩充军备！但是一些头脑较为冷静且较有耐心的人却认为应该和西班牙外交官讨论这些问题，当西班牙正要同意古巴自治时，停泊在哈瓦那港口上的美国战舰“缅因号”被炸了。那是一次惨绝人寰的灾难，260 名水手和官员在爆炸中身亡。没有人知道是谁干的，但是所有的和平会谈都在愤怒的抗议声中消逝了，战争的烈焰立刻在美国爆发。

葛罗顿校园里充满了战争的气氛，学生们也都兴奋得发狂。

1898 年 2 月，“缅因号”战舰沉没，4 月，美国便向西班牙宣战。之后谣言就开始流传开来，当时的学生情绪都很激动。罗斯福写信通知他的父母说，“西班牙派了一支有五六十艘船的舰队到纽约及附近海岸，所以你们可能会陷入其中甚至被带到西班牙的监狱！”

于是美国国会授权成立了 3 个骑兵队，其中的第一美国自愿骑兵团被称为“狂暴骑士”，那里的许多士兵在罗斯福的泰迪堂哥还在西部驯野马和经营农场时就认识他了。不久，泰迪堂哥宣布，战争期间他不能停留在华盛顿，他将要和“狂暴骑士”们一起加入和古巴的战争，在S·B·M·杨将军之下担任副帅。

罗斯福和与他最要好的朋友兰若普·布朗一再地谈论这件事，他们知道士兵们都是来自美国全国各地的自愿者，许多曾经和泰迪堂哥一起在哈佛待过的人都正在申请。一个人想要为自己的国家效力是很自然的事情，但罗斯福和兰若普也能如愿吗？他们有什么方法可以加入军队呢？因为葛罗顿是决不会允许的，他们的家人也不会同意。

“我们的年龄够大了。”

“当然，我们是够了。至少我们已经不再有童音了。”

“我们都高得超过了18岁男孩应有的高度。”

“可能还会更高一些。”

他们仔细地研究出了逃离学校的计谋，一旦离开学校，要找个最近的征募新兵办事处是件简单的事了。等他们穿上制服走向战场后，那些反对的人又能怎么样呢？

但是，在体育馆里，一位教师走到他们面前，询问他们皮肤上的一些奇怪颜色是怎么回事。

“到医务室去，孩子们。”

“我们觉得很好呀。”

“立刻去！”

罗斯福和兰若普被诊断为两个猩红热的病例。在他们开始造成传染之前就立刻被送进隔离病房，生病的这段时间就成了他们为战争效力的时光。

詹姆士·罗斯福太太又一次赶到她生病的儿子身旁，但是别人告诉她不能去看他。不准看她儿子？这怎么行呢？葛罗顿学校终于开始了解罗斯福那固执、不退缩的脾气便是从她这里继承的，而这种脾气通常就藏在温和迷人的外表之下。罗斯福太太找来一架梯子，把它竖在医务室窗户外面，然后爬上去看她生病的儿子。人们每天都能看到她爬到梯子顶上，自从天气暖和得可以把窗户打开时，她就开始带一本他喜欢的书，每天都会念上一两个小时给他听，这样一直持续到他恢复得能够被带回家时。

衰弱而苍白的罗斯福和兰若普得到了杨将军在古巴罹患热病而由泰迪堂哥接任总帅的消息。当泰迪堂哥和他的骑兵队在长岛的门多哥据点登陆时，罗斯福正在海德公园的家里。泰迪堂哥在与西班牙的战争中取胜，他是圣琼山之役的英雄，成为美国最受欢迎的人物，这使得他要竞选纽约州州长的消息立刻开始流传。11 月他被选为州长，在罗斯福就读于葛罗顿的剩余几年里，他也一直担任纽约州州长的职务。

美西战争期间的西奥多·罗斯福（泰迪）

罗斯福现在是快满 17 岁的五年级学生，他正表现出父母很有钱也很有社会地位的年轻人所独具的一种个性。这是他在那所昂贵的私立学校的第三年了，除了他这年龄常见的过分自信外，他有种不自觉的习惯：把头斜斜地抬起然后再俯视和他说话的人。

他开始为学校的报纸《葛罗顿学报》写些东西，他对运动的兴趣正逐渐转变到那些离开学校后成为他生命一部分的事物上。他的网球技术很好，高尔夫球技术也进步神速。

他开始学曼陀林，以便在舞会受到欢迎。他常参加舞会，特别是在所有的年轻人都从学校回到家里的圣诞节前后。他与母亲继续着频繁的通信，讨论 1898～1899 年的圣诞假期。那时他参加了几次舞会，一次在纽约，另一次在新泽西州的橘子城。

橘子城舞会那次他邀请了一个名叫罗拉的人作为舞伴，但是为了纽约舞会的事，他给母亲写道：“我希望你们能帮我物色体面的舞伴参加纽约舞会……这样我就可以早点有舞伴，而不必等到最后让人把那样冰冷不像样的人硬塞给我。”

他牙齿上仍然戴着金属箍，这使他感到苦恼，但是很快就不用再戴了。他对于外表的自信是由他在镜子里所看到的形象来判定的——那是一种与他母亲明显的相像——还有他从父母眼里所看到的赞赏。佣仆们总是纵容他、尊敬他。像这个家族其他的人一样，他很快就长到6尺高，以后甚至还超过了这个高度。他常常收到家里寄来的新衣服，但又必须再退还给他们，并且附上“谢谢你们，但是请寄给我一件尺寸大一点的”。一个家世好的人，服饰的适合与人际有关系，尤其是圣诞季节要来了。当他出现在橘子城乡村俱乐部的舞会时，装束十分合身。

舞会里有许多姓罗斯福的人，这是可想而知的。傍晚时分他注意到一个人，那就是当她还是个小女孩时就常常骑在他背上但后来再也没见过的爱伦娜·罗斯福。

她现在长高了，她非常笨拙的动作表现出她好像是被强迫而来的，她正试图使自己不被别人注意。罗斯福本性中宽容、体贴的一面起了反应，他走过去邀请她跳舞。她腼腆而感激地接受了。

“其实我已经到了可以穿长裙的年龄了，”她抱歉地说，“但是外婆却硬要我穿这身短裙子。”

“在这拥挤的舞池里，没有人会去注意的。”他安慰她。

她的牙齿上也戴了一个金属箍。罗斯福猜想她现在大概15岁左右。她有一头金黄色的头发，它们被束在脑后以便把脸露出来，她还有一双深蓝色的大眼睛。她的嘴巴相当大，下颚很短，但是她绝不是冰冷无情的女孩。

“我不久就会离开这里，”她告诉他，“外婆要送我到英国去接受优雅的教育。”然后她亲切地问道，“你喜欢葛罗

顿吗？”

这引发了他所喜欢的独白的表达方式，而她也是个好听众。当那支舞曲结束时，他便送她回到了刚才发现她的地方，这时，他觉得这位远亲还蛮迷人的。

短暂的相遇在夜晚和剩余假期的欢乐中消逝了。

五年级的后期和在葛罗顿的最后一年，时光飞逝，有如白驹过隙。罗斯福始终忙于社交活动、读书、考试、辩论，为《葛罗顿学报》写文章，和家里交换信件等。现在他与母亲间的通信已经更像是两个朋友之间而非成人和小孩的交谈了。

她告诉他，她和某个佣人相处的不好。当“半月号”着火船沉时，他们互表同情。他提醒她寄《卓福斯盒子》的故事书给他。她随时让他知道他父亲心脏病的情况，当家人在春天到欧洲去时，罗斯福感到自己不再像是一个被遗弃的孩子，而是个成人了。研究鸟变成研究鸟类学，搜集邮票变成集邮；考得好时，他特别喜欢把成绩报告给母亲，因为他知道五科得 B，几何、德文和宗教学科都得 A 的好成绩会使她非常高兴。

宗教学科在葛罗顿是必修学科的一部分，它引发出罗斯福本性的另一面。宗教信仰在他整个生命中是非常重要的，他对葛罗顿学生关于他们同胞的“责任”反应热烈。葛罗顿学校有它自己的“传道社”，并为附近的新汉普谢奥斯昆湖的一个岛上的贫穷孩子们设立了一个夏令营，葛罗顿的学生都期望能花一些时间在那个夏令营里当顾问或工人。

罗斯福热切地期待着轮到他做这项工作。当地有一些需要付出爱心去做的事情，通常都被分派给这些男孩子。在一次罗斯福和另一位同学去访问一位富瑞门太太，他在写给家人的信上说道，“她是位年老的女士，84 岁了，却孤独地生活着。我们今天刚做完礼拜就去拜访了她，和她谈话，告诉她最近的新闻，花了大约 1 个小时。今后我们打算一星期去探望她几次，看看她是否还有煤、水等生活必需品。如果需要，再喂喂她的母鸡，如果有风雪的话，我们就去为她铲雪，再把东西清理干净。”

罗斯福喜欢做这项工作是很自然的，因为他父亲在海德公园及附近地区就是一位有责任感的市民。他做过学校管理员，做过哈德逊河州立医院及其他慈善机构的支持者，也曾开着他的车子去看望生病的和需要帮助的人。

在商场上的同行之中，詹姆士·罗斯福先生是一位家世显赫而有能力的大亨，他和他们一起来发展铁路，争取采矿权益，并且强化河流船舶系统。很多人都和他有同感。他们认为，当一个人有钱又悠闲的时候，应该肩负起社会福利工作的责任。

在葛罗顿的最后一年中，罗斯福心里真正的念头是上大学。虽然哈佛大学和剑桥城的直线距离只有 30 里，但那里却是另一个世界——一个大学生的世界。葛罗顿足球队和哈佛一年级新生比赛时，战况相当激烈，但是参加比赛的人在态度和外表上却有着明显的不同——来自葛罗顿的是男孩，来自哈佛的却是成人，这是无法逃避的事实。

罗斯福将要住到一栋昂贵的宿舍——金海岸去了。初冬时，他写信给他母亲说："兰若普·布朗已经决定明年要和我住同一个房间。"

春天时，他必须弥补一点空虚感，他在信中报告道："我在写信的时候正戴着副眼镜，这玩意儿很奇特，我今天早上才得到它们——一副眼镜和一副'夹鼻眼镜'。下次你们看到我时，一定会不认得我了。"这个"眼镜"是他之后的生涯中必须接受的东西。

直到毕业时他和其他的六年级学生们，才真的感到依依不舍。想到即将踏入成年，蓦然回首，他们才发现自己依然热爱着葛罗顿以及它为他们所做的一切。

"我亲爱的妈妈和爸爸，"罗斯福在 1896 年 6 月 25 日写给家人的信中说，"这是个多么快乐而感伤的日子！我们永远不能

在母校学习功课了。每个人都希望自己可以再回到一年级去。今天早上考完宗教学科后，六年级学生花了一个多小时到外面采了野花来装饰餐厅……我们进入餐厅吃了顿丰盛的午餐，等我们全都吃饱后，莱克特做了一次非常好的演说……当时我吓了一跳，当颁‘拉丁文奖’时，他们叫到了我的名字，我得到四十卷书，莎士比亚殿堂就像是我的……我几乎等不及地想要看到你们，也觉得很想永远离开这里。”

“罗斯福离开，我是多么不情愿呀！”彼伯蒂校长给詹姆士和莎拉·罗斯福的信中写道。

当18岁的富兰克林·德兰诺·罗斯福和父母再团圆时，他发现他们面带勉强的微笑。他不知道他们能否看得清楚自己的脸，因为他们的眼睛都因充满感慨而朦胧了。他伸出双臂拥抱母亲，并且亲吻了她，这才注意到他已经比母亲高出整整一头了。

资料链接

门罗主义和门罗宣言

当拉丁美洲国家正在进行独立运动的时候，美国已经把拉丁美洲看作自己的势力范围。1822～1823年，当欧洲“神圣同盟”企图干涉拉丁美洲的独立运动时，美国积极推行起“美洲事务是美洲人事务”的政策。1823年，美国总统门罗向国会提出咨文，宣称：“今后欧洲任何列强不得把美洲大陆已经独立自由的国家当作将来殖民的对象。”他又称，美国不干涉欧洲列强的内部事务，也不容许欧洲列强干预美洲的事务。这项咨文就是通常所说的“门罗宣言”。它包含的原则就是通常所说的“门罗主义”。门罗主义的含义主要有三个：（1）要求欧洲国家不在西半球殖民。这一原则不仅表示反对西欧国家对拉美的扩张，也反对俄国在北美西海岸部分扩张；（2）要求欧洲不干预美洲独立国家的事务；（3）保证美国不干涉欧洲事务，包括欧洲现有的在美洲的殖民地的事务。门罗主义在当时未产生多少影响，因为英国在拉美的影响要大大超过美国。19世纪40年代以后，美国又重新提起门罗主义。

古巴反抗西班牙战争

1868～1898年，古巴人民进行了一场持续30年之久的反抗西班牙殖民统治、争取民族独立的解放战争，史称古巴三十年解放战争。

古巴岛战略意义十分重要，是欧洲列强肆意掠夺的重点对象。16世纪初，古巴沦为西班牙殖民地，自此，延续近三个世纪的古巴反殖民统治、争取民族独立的战争连绵不断。

殖民地国家与宗主国之间的斗争长时间地反复较量，19世纪末叶进入高潮。在古巴全岛掀起反殖民统治、争取民族独立的解放战争。

1892年4月10日，“古巴革命党”建立，标志古巴解放战争进入一个有统一的政治领导和组织保证的新阶段。

9月中旬，临时政府在卡马圭省召开制宪会议，宣告古巴独立，成立共和国。

古巴共和国政府成立后，古巴解放军决定实施“西征”战略，将解放战争推向全国。

1898年1月，古巴解放军已收复2/3以上的国土，胜利即将到来。此时，美国借口保护其侨民的生命、财产安全，1月12日，悍然派军舰进犯古巴。4月28日，美国政府向西班牙宣战，正式介入古巴战争，使古巴解放战争变成美国征服殖民地的战争。

古巴解放战争的结局，向世人揭示了美国积极向外扩张的态势，也标志古巴人民争取民族独立、维护国家主权的斗争进入一个新时期。

进入哈佛大学

美国哈佛大学的标志之一

哈佛和葛罗顿的不同，就如白天与黑夜之分、东部与西部之别、夏天与冬天之大相径庭。葛罗顿地处偏僻的乡下，哈佛大学则正好隔着查理士河与波士顿相对。在葛罗顿罗斯福好像是住在修道院，而在哈佛他则和兰若普共同居住拥有 3 个豪华设备的套房。在葛罗顿学生都必须去上安排好的每一门课程，而在哈佛他们是自由且可自我设计的成人！在葛罗顿他们度过的每一分钟都必须有所交代，因为他们被认为还太年轻而不足以享有自由；但在哈佛他们是自由且可自我设计的成人——成年男子！

1900 年 9 月 25 日罗斯福写给家里的信中这样说道："亲爱的妈妈、爸爸，我现在在剑桥城，24 小时之后，我将成为哈佛的正式学生了！"兰若普·布朗早早地赶去竞争新生足球队干事的职位并且当选。罗斯福则注意到另外一项活动，有了在《葛罗顿学报》的办报经验，他决定尽全力打入《哈佛红报》的领导层之中，那是个编辑人员可以拥有自己办公室的真正报纸。

他大学第一年的课程有法文、拉丁文、几何、英文、历史和政府政治，它们几乎不足以满足他全部的精力和热忱。即使许多课程不对新生开放，但他还是尽可能地多修一些课程。他和其他 70 个左右的人报名参加红报面试，结果被录取为记者候选人。他便立刻开始穿梭于校园搜集新闻，他 6 尺 1 寸半高，英俊挺拔、高雅修长，穿着布鲁克斯兄弟牌最好样子的时装，十分惹人注目。他买了一顶常礼帽，又写信回家要一支烟斗，因为他发现那些东西是哈佛人的标志。他答应家里不抽烟，因为他即将参加足球队员的选拔。

但是，他发现他那高雅的细高身材——只有 146 磅——使他除了作为新生队的预备队员外，其他什么都不够格，在大学校际间的各项运动中，他从来不曾被真正地认可。他参加了校内划船队，但是第二年就失去兴趣了，他只能以自己所喜欢的高尔夫球和网球来做消遣。

校园中的许多社团他都想加入，其中最难加入的是“波塞林”、“速成布丁”和“飞翔”三个社团。以前，许多位“罗斯福”都曾被选入过，但是作为一个新生他必须耐心等待。

另外，有一些政治社团他马上就可以加入，几乎在他一到达哈佛时，就成为哈佛共和党社团里炙手可热的人物，这是他意想不到的！他父亲一直是荷兰民主党有名的领导者，但是就在罗斯福进入哈佛前的几星期，泰迪堂哥被共和党全国代表大会提名做威廉·麦金利的副总统候选人。他的泰迪堂哥深受罗斯福家两支族人的喜爱和赞赏，这在罗斯福心中也是毫无疑问的。当他以后投身于地方竞选活动时，这个事实更为显然。现在，他是多么渴望自己的年龄足够大而可以享有

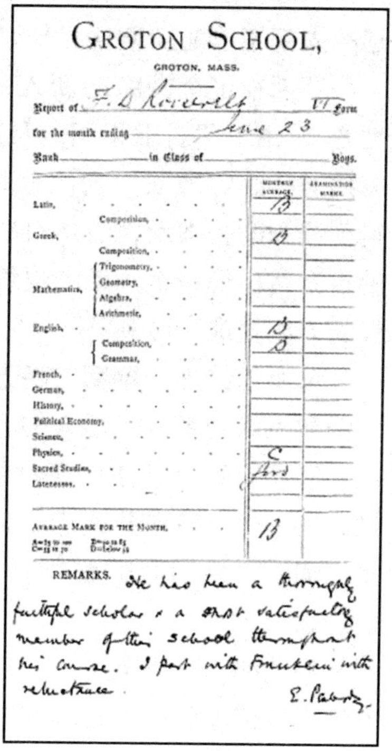
GROTON SCHOOL,

GROTON, MASS.

Report of F. D. Roosevelt VI Form

for the month ending June 23

Rank ______ in Class of ______ Boys.

	MONTHLY AVERAGE.	EXAMINATION MARKS.
Latin,	B	
Composition,		
Greek,	B	
Composition,		
Mathematics, Trigonometry,		
Geometry,		
Algebra,		
Arithmetic,		
English,	B	
Composition,	B	
Grammar,		
French,		
German,		
History,		
Political Economy,		
Science,		
Physics,	C	
Sacred Studies,		
Latenesses,		
AVERAGE MARK FOR THE MONTH,	B	

REMARKS. He has been a thoroughly faithful scholar & a most satisfactory member of this school throughout his course. I part with Franklin with reluctance.

E. Peabody.

罗斯福在学校的成绩单

投票权呀。

他童年的习惯——命令周围的玩伴，又再度出现于哈佛，不过是以一种较为精练的形式——指挥出现。哈佛的成人风气和个性自由使他发展成坚强、积极进取而有人缘的个性，有个国家元首候选人的堂哥给了他建立个人知名度的便利，那是大学新人通常所没有的。

他花了许多时间来写新闻报道，以便赢得在红报的地位。由于他有能力同时做许多事情，并且都做得很好，所以他能够赶得上功课。此外，他还把热情投入到总统竞选活动之中。

在总统选举之前，新闻报道和竞选活动成为同一件事的两面。校园中时常流传的问题是：哈佛校长会如何投票？查理斯·W·艾略特自1869年担任哈佛校长迄今，早在罗斯福入校之前，他就已经使哈佛成为最伟大的大学之一。1900年，艾略特校长好像已超凡入圣，除了红报的最高级编辑外，任何一个普通的人都不能随随便便见他。

罗斯福这个糊涂的新人却闯进了高年级学生都不敢踏入的地方。由于习惯于和国内及国外的贵族家庭相处，他愉快地跑去拜访艾略特校长，询问他在即将来临的大选中会投谁的票。得到校长的答案后，他立刻带着独家新闻冲回红报办公室，校长的答案将出现在下一期的报纸上，并附有一个大标题：“艾略特校长声明赞成麦金利。”

选举前的那个星期二晚上，哈佛大学和麻省理工学院的共和党派学生联合举行了盛大的火炬游行。

“我们戴着红帽、穿着红袍，一班接一班地游行进入波士顿，走过所有的主要街道，总共大约八里路。沿途围观的人群相当踊跃，最后我们都累得半死！”他在写给家里的信中这样说道。

晚秋时，纽约市文艺复兴旅社里罗斯福的套房成了罗斯福的家，莎拉在那里照顾她衰弱的丈夫。11月初，她在南卡罗莱那州的艾肯租了一间别墅，希望带詹姆士到那里享受较为温和的气候，但是他们始终没能去成。11月中旬，詹姆士又犯了一次心脏病。

“让爸爸休息吧！”罗斯福在信中祈求道。

12月之前，他已决定和父母会面，他同父异母的哥哥罗西也做了同样的决定。1900年12月8日，他们全都聚集在文艺复兴旅社里，不幸的是，詹姆士·罗斯福先生因病逝世了，享年72岁。

此刻，他们母子间感到了前所未有的亲近，在罗斯福返回哈佛以前，他和母亲约定，等大一的课程一结束，他们就坐船到欧洲去散心度假。

他回到学校，把落下的功课补上，又重新开始了他在哈佛的各种活动，并且成为《红报》的成员。要成为《红报》成员，他就必须和其他许多同学竞争并且胜过他们。这并不能使他们成为他的朋友，而偏袒政治竞选活动也不能使校园中的每一个人都成为他的朋友。生活使他成熟得很快，他开始明白，一个人必须知道自己在想什么，也必须知道自己站在哪一边。一旦选择了某一边，就不能期望每一个人都站在自己的同一边。

他开始认识哈佛生活的另一面，并非所有的学生都能够住得起金海岸，有更多的住在校总区的一个叫做“雅德”的旧宿舍里，其他的人则住在远离校区的尽可能便宜的地方。他们利用课余时间赚钱，以便能够继续留在哈佛学习。

这种学生中的许多人是卓越而有人缘的家伙，他们不会想到要进入“波塞林社”或“速成布丁社”，因为即使已经足够社会化而够资格进入了，他们也负担不起那种虚荣的粉饰。担任《红报》记者的罗斯福在与人闲谈的过程中认识了许多他们这种人，他了解到，他们的生活可能与他从出生就享有的特权、富裕且受保护的贵族阶级生活全然不同。当他知道有些学生为了收支平衡而必须节省好几餐饭时，他着实吓了一跳。

资料链接

哈佛大学

哈佛大学（Harvard University）是美国最著名的高等学府之一。它的总部位于历史文化名城波士顿的剑桥城，医学院和商学院位于波士顿市区。在剑桥城，与哈佛大学相邻的是与之齐名的麻省理工学院。有趣的是，两大校园之间并没有明显的界线。

哈佛大学诞生于英国清教徒1620年移民到普利茅斯之后的第十六年的1636年(当时中国正值明朝末年)，是遵照马萨诸塞海湾殖民地最高法院的表决建立的。哈佛大学的命名源于它的第一个捐资人约翰·哈佛。他是一名年轻的牧师，1638年去世时，把他的图书馆和一半财产留给了新学校。由于清教徒中不少人出身于英国剑桥大学，他们就把哈佛大学所在的新镇命名为剑桥。最初学校仅有1名男教师和9名学生。

学校早年开设的课程以英国大学的模式为基础，但是在思想上与这个殖民拓荒地盛行的清教徒的哲学保持一致。尽管它早年的许多毕业生成为整个新英格兰地区的清教徒聚居地的牧师，学校却从未正式加入过某一个特定的教派。一份出版于1643年的早期的小册子阐明了哈佛大学的存在：“促进知识并使之永存后代。”

历史上，哈佛大学的毕业生中共有八位曾当选为美国总统。他们是约翰·亚当斯(美国第二任总统)、约翰·昆西·亚当斯、拉瑟福德·海斯、西奥多·罗斯福、富兰克林·罗斯福(连任四届)、约翰·肯尼迪和乔治·布什、奥巴马。哈佛大学的教授中总共产生了34名诺贝尔奖得主。

如今，哈佛大学已发展为拥有10个研究生院、40多个系科、100多个专业的世界著名大学。

哈佛大学除了培养美国学生外，还接纳了来自世界各国家和各地区的大批留学生和访问学者。

大一那年的春天，他以另一条独家新闻使《红报》读者目眩，造成第二次大的轰动。泰迪堂哥——伟大的、生气蓬勃的、普遍受欢迎的美国副总统——莅临剑桥，到艾伯特·劳伦斯·拉威尔家拜访。拉威尔是哈佛的政府政治学教授艾美·拉威尔的哥哥，也是过世的詹姆士·卢梭·拉威尔的亲戚。罗斯福这位有着高颚的自信记者，将夹鼻眼镜紧紧地夹在鼻梁上，他拿起电话，打到拉威尔家，要求与他堂哥通话。泰德·罗斯福立刻前来接听电话，记者罗斯福便要求为他做一次名人访问。

副总统罗斯福回答："当然可以！等明天早上拉威尔的课上完之后，我可以立刻接见你。我将为他的政府政治课演讲。"

他要做什么演讲？详细内容被封锁了，直到罗斯福冲进他的办公室，为《红报》晨版写下了这个报道：

"西奥多·罗斯福副总统将于今早 9 点在仙杜斯戏院，为政府政治课第一班的学生们演讲。罗斯福先生将讲述的是他担任纽约州州长的经验。"

于是，早在 9 点之前，便有数以百计的人蜂拥至仙杜斯去听演讲。

罗斯福以一种夺取了胜利的口吻向他母亲报告了这件事。后来他们终于有空坐船到欧洲去，在旅途中，他为她重温了所有的哈佛新闻，那些都是他没有时间给她写信报告的。他最喜欢政府政治和经济学课程，秋季以后他打算修全年的经济学、美国史及英国史。

"秋季之前，哈佛会馆即将落成。"

"哈佛会馆？"她高挑眉毛表示想要知道。

他告诉惊讶而存有阶级观念的母亲，在哈佛的生活太不民主，太过于区分阶级了！因此，亨利·李·希金生少校捐赠基金兴建了会馆，坐落于昆西街的哈佛会馆将是一个俱乐部，在那里每一个人都会受到欢迎，尤其是那些没有参加社团的新人。每一个人也都可以在那里举行聚会或进行社交活动，还可以在图书馆里看报、读书。

"你会加入吗？"

"绝对会的！"

"但是不久之后你将会被选入别的社团呀。"

他开怀大笑，叫她不要担心。此刻，海风吹在他的脸上，他是多么喜爱海洋和船舶呀！因此，他对客轮唯一不满的是，不能够站在船桥上或者是自己来操纵舵轮。

罗斯福的堂哥，继任总统时的西奥多·罗斯福

秋天到了，他寂寞的母亲在波士顿租了一间房子，这样她就可以经常看到儿子了。但是，除了渡过查理士河去探望母亲外，罗斯福仍然写信给母亲。起初几封信中的一封上曾写道："会馆昨晚开幕了，那是个非常难忘的开幕典礼。"听到他成为"飞翔社"社员的消息，他母亲心里感到很安慰。

他们母子仍然在海德公园及纽约市度假，还有几次到白宫去办事，尤其是麦金利总统去世，泰迪堂哥继任总统职位之后，他们更是经常出入白宫。

爱上爱伦娜

大二快结束时，在一次回海德公园的返乡旅途中，发生了一件出乎罗斯福意料的事，那件发生在纽约火车总站的事重写了罗斯福人生的一页历史。

那时候他觉得烦躁，就随便走走，经过一辆客车时，他看到一张似曾相识的面孔，他愣住了。他认得她，那是爱伦娜·罗斯福。在这三年之中变化多么大呀！她已经长得像任何一位“罗斯福”一样高了，有着苗条而优雅的身材，穿着成人的套装，配着一条及地的长裙。

她一认出他，脸上便绽放出惊喜的微笑，并伸出优雅的手和他打招呼。十五岁时的笨拙已从她身上飘逝，但是羞怯的痕迹尚存。她已经完成了三年欧洲教育，正要赶回田佛利的外婆家。

“母亲和我一道来的，”他告诉她，“你到车上来和我们坐在一起吧，至少在到达海德公园站之前，我们还可以聊一聊。”

随后，旅程便过得好快，他们互相交换了家里的消息。爱伦娜还把她在国外三年的生活情形讲给雍容华贵却略带惊讶的罗斯福太太听。她进入了伦敦郊区的苏维斯特瑞女子学校，并且到欧洲大陆各地旅行。当讲到苏维斯特瑞女校的开明作风、个性主张和人道主义的观念时，爱伦娜不觉面颊泛红。

爱伦娜继续说道，她的亲戚和师长们都尽力想要激发她的音乐潜能，但是却毫无结果。有一学期，她的室友是一位美丽的德国女孩。此外，为了提高法文能力，她的一些假期是在某个法国人家庭里度过的。

“我对巴黎清晨的第一瞥，感觉就像是个梦，”她告诉他们，“我不记得有什么时候我会不想看见巴黎。”

很幸运的，那时候刚好有一位蒂西姨妈，或称史坦利·莫的摩太太住在巴黎，她是爱伦娜母亲的妹妹，是她使得爱伦娜的梦完全得以实现。

莎拉·罗斯福对于爱伦娜所作的教育报告非常满意，她相信国外旅行和其他语言的知识是必要的，她甚至因为知道爱伦娜曾经到过比利时、德国、瑞士和意大利旅游而更为高兴。

“现在每一个人都主张我应该‘初入社交界了’。”

“当然啦。”罗斯福的母亲断然说道。

爱伦娜的外婆何尔大部分时间都在田佛利的家里，所以爱伦娜计划寒假时去和布西阿姨（艾迪·李文斯顿·何尔，她母亲的另一位姊妹）一同住在纽约市西三十七街的房子里，这样她才能够开始社交活动。

“你将会收到一些我们的邀请。”罗斯福得到母亲的点头赞成后向爱伦娜说道。

这件事似乎在那时候就说定了。罗斯福在海德公园的火车站离开爱伦娜，他和母亲不久就热衷于前往坎伯贝乐的计划。罗斯福太太想把“半月二号”卖掉，那是一艘六十英尺的纵帆式帆船，是在詹姆士·罗斯福去世之前的那个夏天买的。罗斯福对尚未找到买主深感庆幸，因为他是那么喜欢乘船到海湾上旅行。

回到哈佛念大三时，罗斯福的课程中排满了他所喜欢的科目——历史和政府政治，同时他参加了“飞翔社”和哈佛会馆的图书馆委员会，一有空就会去旧书店里找寻书籍来充实他们的图书馆。

那时候，他已经是《红报》编辑部的一员。同一年，他又加入了“速成布丁社”，而所有社团中最不容易进入的“波塞林社”仍然没有允许他加入，也许是因为他和“雅德”的学生交往过密，而且他为比较民主的会馆做了太多工作，更大原因或许是他似乎忘记了他对自己所属的社会阶级应尽的义务。

寒假，他和母亲穿梭往来于海德公园、纽约市和华盛顿之间，偶然遇到爱伦娜。他发现：她穿正式晚礼服是多么漂亮呀！

他发现她对国家大事和世界时事都很了解，此外，他还赞美她关心社会福利工作胜于社交应酬的做法。

“对于我宁愿把时间花在像儿童的妇女慈善协会这种地方，也不用于参加社交活动，葛兰妮和我的阿姨们都感到很惊讶。”

“你的祖父罗斯福没有设立那种社团吗?”

“没有，他是一位公设信托人，但是并没有为报童们开设俱乐部会所。不过在感恩节那天，他通常会亲自去帮忙准备感恩节晚餐。”

“在这个世界上的穷人太多了！”

“的确是的，罗斯福，有太多的人饥饿地生活于不间断的战争之中。你有没有去过纽约市一个叫‘何尔厨房’的地方？”

那时候他摇了摇头，但是后来去瑞文顿街的社会福利救济院拜访爱伦娜和她那班孩子们时，他确实看到过纽约市东部低洼地区的贫民窟。他发现她正在教一群非常年轻的女孩子跳舞，她们一看到他便围绕着她，急切地问她：“他是你的男友吗，罗斯福小姐？”

他母亲邀请爱伦娜参加海德公园的舞会时，罗斯福欣喜若狂，但是他会特别小心，不让真实的情感流露出来。但随着时间的流逝，他投入的感情变得越来越多。

大三结束时，他已经修完文学学士学位的所有学分，可以自由离开哈佛了，但是其他的活动却把他留了下来。他是“飞翔社”的图书馆馆长、“速成布丁社”明年秋天要让他做图书馆馆员、《红报》也选他做下一年度的主编。

征得母亲的同意后，他便返回哈佛继续念第四年，他把大部分的时间和精力都用于《红报》，尽可能地把工作做好。《红报》是一份太过沉闷的报纸，他很早以前就想要把它整顿一番。他又选了几门硕士班的历史和经济学课程，但是《红报》才是他的兴趣所在。

不过，那并不是他唯一的兴趣，因为他知道他已爱上了爱伦娜，只要一有机会，他总是热诚地去看望她，追求她。她仍然和她的朋友珍·芮——怀特洛·芮的女儿，一起在社会福利救济所工作。怀特洛·芮是“纽约议坛”，即现在的“前锋议坛”的负责人，她也为消费者联盟工作，帮助他们研究调查百货公司及服装工厂的就业情况。罗斯福特别为此赞美爱伦娜，因为他知道，为了要面对改革的批判，她必须要克服多少羞怯。

他对于改革相当热心，既然是《红报》的编辑，他就应该能够为哈佛一些急需改革的事情发出呼吁。他指责足球队没有尽力，也斥责学生团体没有支持球队的球员。通到哈佛会馆的路是条泥泞的小道，必须改建成木头的道路。许多宿舍简直是火灾的隐患，应该增加灭火器和逃生梯等防火设备。

他的社论版上逐渐有了对时政的评论——这是具有崭新意义的，因为去年 1 月他就已经满 21 岁，到 11 月时，就能够投出他的第一张选票了。他开始不赞成泰迪堂哥在美国总统任期内所制定的一些政策，他认为西奥多·罗斯福想使总统权力超过国会的措施使得政治体系开始失去平衡。罗斯福真的转向他父亲所选择的党派，回到海德公园投第一张票时，他投的是民主党提名的候选人。

同年 11 月，罗斯福到海德公园的另一次重要旅行是为了感恩节。海德公园历年来都有感恩节庆祝活动，但是没有一次像富兰克林·德兰诺·罗斯福这一年所筹划的一样。最重要的客人将是爱伦娜，她和罗斯福以及他母亲一起从纽约坐上了回海德公园的火车。

到达海德公园后，一有机会，他就向母亲透露了一个天大的好消息：他和爱伦娜恋爱了，他向她求婚，她也答应了。他们即将结婚，并且希望越快越好！他知道母亲将会有多么震惊！

爱伦娜

罗斯福太太着实非常震惊，儿子要结婚的话还太年轻，而爱伦娜也不过才刚满十九岁！

罗斯福仔细地将自己的想法分析给她听，企图说服她。

“亲爱的妈妈，你知道没有什么事情能够改变我们之间过去和将来的一切，只不过现在有两个孩子需要你去疼爱了，他们也会爱你的，你该知道，爱伦娜将永远是你真正的好女儿。”

莎拉·罗斯福是一个彻头彻尾的淑女，她振作精神，恢复她高贵的角色——海德公园迷人而能干的女主人，用熟练的方式，以主人的身份坐在感恩节晚餐桌首席的座位上。然而此刻，一些延缓这场迫在眉睫的婚礼的念头开始悄悄地在她心里萌动。

爱伦娜回到纽约之后，给莎拉写了一封非常客气的谢函：

亲爱的罗斯福太太，谢谢您昨天亲切的招待！我知道您的感觉如何，也知道那是多么的困难，但是我还是真诚地希望您能多爱我一点。您知道，我将会努力试着去做您所喜欢的孩子，因为在去年夏天，我就开始深深地敬爱您了。我不能准确地告诉您我对罗斯福的感觉，我只能说，我最大的心愿始终是让自己能够配得上他……

罗斯福回到《红报》办公室两天后，也写信给他的母亲：

最亲爱的妈妈，我知道我为您带来了多大的困扰！您知道吗？如果能够不这样做，我就不会这么做了……我了解自己，也知道这份感情酝酿好久了，我是不会改变想法的。我的结论就是：我现在是世界上最快乐，也是最幸运的人。

以后的几个星期，他母亲似乎有了一点让步，最后，她终于做了非常合理的妥协。母亲建议他和他的室友兰若普·布朗跟着她乘凯瑞宾汽艇去玩个几星期，那将会给他充分的时间去考虑

这件事情。他同意了，汽艇载着他们到了一连串令人心驰神往的地方——波多黎各、千里达、裘拉索和古巴——3月，经过一段漫长的航行之后，罗斯福回来了，他仍然爱恋着爱伦娜，仍然决定和爱伦娜结婚。

接着，罗斯福太太带她儿子到了华盛顿，企图说服她在那里的一些最好的亲戚让罗斯福出任伦敦美国大使馆的秘书。很巧的是爱伦娜那时刚好正在华盛顿拜访她的贝阿姨——威廉·考乐斯太太。所以每当罗斯福太太去拜访她的亲戚时，罗斯福和爱伦娜就利用珍贵的每一分钟一起到外面吃饭或到处逛逛。最后政府宣布罗斯福还太年轻，不适宜担任国外的职务，他们两人便偷偷而愉快地叹息了一声。

罗斯福太太没办法，只好接受儿子要结婚的请求。她努力和年轻的爱伦娜变成朋友。她们一起到哈佛去参加罗斯福的毕业典礼，他穿着黑色的学士袍，上面有红色的饰扣，然后爱伦娜便和他们母子共赴坎伯贝乐度假。罗斯福答应他母亲继续念书，因此，秋天的时候，他开始在哥伦比亚大学学习法律课程。正式的订婚通知很快便发出了，婚礼则会在明年春天举行。

步入政坛

没有自由的秩序和没有秩序的自由，同样具有破坏性。

——罗斯福

参议员时期

富兰克林·罗斯福和爱伦娜·罗斯福的婚礼可能是美国所曾经发生最不寻常的事件之一。1905年3月17日是圣派特瑞克节，他们将在这一天举行婚礼，西奥多·罗斯福总统是主婚人，他在结婚典礼中将新娘交给新郎。婚礼会场有一群警察、联邦调查局人员、便衣侦探和情报机构人员，他们是不管总统走到哪里都必须跟从着保护他的。对于美国政府和莎拉·罗斯福所采取的一切措施，新娘和新郎都无话可说。

穿着新娘服的罗斯福夫人爱伦娜

为了避免不必要的麻烦，婚礼在纽约市东七十六街两幢连在一起的私人房子里举行。两个餐厅之间有拉门，把门拉回去便可以有更多的空间。这两幢房子是属于爱伦娜的一位结过婚的表姐和她表姐的母亲所有。

婚礼上，新娘一只手臂挽着总统缓缓步入礼堂，身上穿着何尔外婆的白色缎子结婚礼服，后面拖着装饰有毛织花边的衣裾，颈上戴着莎拉送的珍珠短项链。兰若普·布朗是男傧相，安迪考特·彼伯蒂担任证婚人。

1905 年富兰克林与爱伦娜在瑞士度蜜月时所摄，左边坐的是蒂西姨妈

婚礼的仪式在一幢房子里举行，点心招待则在另一幢房子里。新娘和新郎刚刚互换了一个神秘的微笑后，点心招待就开始了。不一会儿，他们便全然被遗忘似的单独被留下，因为众人都围绕着愉快的总统，热切地听他讲述着他在西部荒野的冒险故事。不管走到哪里，他都会很自然地获得很多喝彩。

最后，等结婚蛋糕被切开，爱伦娜就换上了旅行装，因为富兰克林·德兰诺·罗斯福夫妇即将前往海德公园共度一星期的蜜月旅行。

资料链接

圣派特瑞克节

圣派特瑞克节是每年的3月17日，为了纪念爱尔兰守护神圣派特瑞克节而设定的节日。这一节日5世纪末期起源于爱尔兰，如今已成为爱尔兰的国庆节。随着爱尔兰后裔遍布世界各地，圣派特瑞克节已经渐渐在一些国家成为节日。美国从1737年3月17日开始庆祝。

美国的圣派特瑞克节这一天，人们通常要举行游行、教堂礼拜和聚餐等活动。美国的爱尔兰人喜欢佩戴三叶苜蓿，用爱尔兰的国旗颜色——绿黄两色装饰房间，身穿绿色衣服，并向宾客赠送三叶苜蓿饰物等。

度完蜜月后，他们回到纽约，住在西四十五街韦伯旅社的一个小房间里。莎拉在麦迪逊大道200号租了一间房子，这样她就可以能离他们近些了。6月，罗斯福的课程一结束，他们夫妻就计划坐船到欧洲去度过真正的蜜月旅行——一次美好而又愉快的旅行！

那真是一次美好而又愉快的旅行。罗斯福觉得只要脚踏在移动船只的甲板上，就能感到生命的自由、伟大而热爱生命，他把头稍微斜斜抬起，然后将脸转向风中。旅程的大部分中海面都平静如镜，他们有很长的闲暇时间边走边聊、促膝长谈，了解彼此，建立夫妻一体的感觉。

爱伦娜的童年和青春期都与罗斯福的不同。她早年的生活充满了悲伤和寂寞。她的母亲——安娜·何尔出身于纽约社会的望族，是个非常漂亮的女人——事实上，所有何尔家的女人都很漂亮。她的母亲对于自己的第一个孩子竟是一个如此平凡的小女孩感到很失望。她也毫不介意地表现出自己的失望，但是爱伦娜知道，她的父亲非常疼爱她。她母亲叫她“葛兰妮”，因为她从来都不笑，这个称呼使她感到羞愧；但是她的父亲却时常在朋友面前夸奖她，父亲的个性爽朗且相貌英俊，是她感到温暖与亲情的源泉。

8 岁时，由于母亲的死，她的家庭生活瓦解了！她和哥哥被送到何尔外婆家，弟弟艾略特则因罹患白喉，与母亲同时去世。爱伦娜被带离父亲时真是肝肠寸断！她不明白，父亲那欢乐而爽朗的个性是不能胜任照顾两个小孩的工作的。她热切地期盼着他的到来，冬天在纽约西三十七街的何尔家，夏天则是在哈德逊河附近田佛利的家。

没想到她还不到 10 岁时父亲就去世了，这个消息使她非常震惊，她久久不能接受这个事实。然后，她渐渐躲入一个梦幻和想象的世界。

像罗斯福一样，爱伦娜父母双方的亲戚都很多，其中最引人注目的是现任总统西奥多，他和亲戚们保持着密切的联系。每当爱伦娜和哥哥被带到他家时，他都会冲出大门来到马车前面，一个接一个地拥抱他们，然后整天都陪着他们在海滩上玩耍。

对罗斯福和爱伦娜来说，蜜月旅行都是真正的成人生活的开始。现在他们可以自由自在地计划他们想做什么事，想去什么地方。他们将拥有一段美好的时光而不必管花了多少钱。

约 1908 年，罗斯福夫妇与他们的宝贝儿女安娜及男孩詹姆士合影

但是，他们对于别人仍有一份责任，他们必须写信回家，也必须前去拜访亲友。在英

国，爱伦娜探望了一些旧日同窗，她的朋友珍·芮和父母一起住在伦敦。罗斯福也有一位德兰诺阿姨住在巴黎，他们前往致意，也顺便观赏了巴黎的舞娘表演。爱伦娜对于舞娘穿着的暴露感到惊讶，而罗斯福却傲慢地狂笑，假装自己对此非常了解。

离开法国之后，他们到了意大利，在威尼斯观赏风景、乘坐狭长的小船，度过了十天的美好假期。游览过意大利，他们继续前往瑞士和奥地利，最后再回到巴黎和伦敦。他们在不列颠群岛时，做了一些他们想做的事——一次贯穿苏格兰的旅行，在这趟横越碧绿而起伏的低地的旅行中，最棒的事便是买了“杜菲”——一只黑玉色的苏格兰小犬，那是他们曾拥有的第一只苏格兰狗。

一直到9月，他们才洋溢着快乐的心情，牵着一只拴着皮带的狗再度出现于纽约。在回程中爱伦娜觉得有点不舒服，因为她即将有一个孩子了。

这对新婚夫妇不在的时候，莎拉并没有闲着。她在东三十六街125号给他们租了一栋房子，甚至装潢好内部并雇请了佣人，这栋房子离她自己在纽约市的住所只有很短的一段距离。

“母亲真是体贴啊！”这是罗斯福的反应，但他不知道妻子是否想自己去选择她所喜欢的家具。

他们在新房子里安顿了下来，罗斯福又回到哥伦比亚读法律了，年轻而无生活经验的爱伦娜，为了求得忠告和帮助，变得很依赖她的婆婆。他们的孩子在1906年5月3日出生了，是个女孩，他们以母亲之名给她取名为安娜·爱伦娜。那年夏天，罗斯福、爱伦娜和婴儿在坎伯贝乐度假，而莎拉则到欧洲去了。在清新的海洋气息下，孩子面颊红润而活泼可爱，罗斯福和爱伦娜甚至偶尔会带她乘坐“半月二号”做短程旅行。

在纽约的第二个冬天与前一年几乎大同小异。罗斯福完成了法律课程，也通过了律师考试。由于他良好的社会关系，秋天时他很容易便找到了一份工作，在澳尔街五十四号的卡特·赖雅德及米伯恩律师事务所当书记。

之后的几个月里，罗斯福觉得自己学到了更多真正的法律并且知道了如何将法律与日常生活联系起来，这些都是在教室里学不到的。当然，一位新来乍到又毫无经验的书记必须对他的杂务工作感到满足，他必须要认真地到郡书记办公室转交一些契据或是到地方法庭去处理一些小案子。

他开始遇到从未接触过的各色人等，那些人从未听过“波塞林社”，更不会有能否入社的担忧了。对那些人来说，拥有 15 或 20 块钱就是富有；他们只有一套外出服，并且可能是从旧货店里买来的；那些人有高的矮的、黑的白的、干净的及不干净的。假如偶然有一件案子使罗斯福接触到地方政治，他便能够了解到坦慕尼派的腐败。

纽约市的政治与哈佛或海德公园大不相同，但它同样地使他热血沸腾，使他感觉自己的工作与父亲在海德公园及爱伦娜在纽约市所做的公共服务和社会工作息息相关。

爱伦娜刚结婚的头几年里，并没有积极参与社会工作，因为她的大部分时间都被用于怀孕、生产和照顾孩子。1907 年 12 月 23 日，他们的第二个孩子出生了，这时罗斯福到卡特·赖雅德及米伯恩律师事务所才不过几个月。第二个孩子是个男孩的消息使他们感到非常高兴，于是他们便以孩子们祖父之名为他取名为詹姆士。在刚出生的几个月里，詹姆士并不是个强壮的婴孩，因此，为了照顾孩子，罗斯福夫妇在春天和夏天都没有去过远离坎伯

小安娜与她得意的双亲

贝乐和海德公园的地方。

此时，莎拉正忙于她自己的计划。她在曼哈顿的东六十五街买了一块地，盖了两幢房子——47号和49号，第一幢她自己住，第二幢给儿子一家人住。罗斯福非常热衷于他在纽约市附近的各类活动，一直到秋天他们搬到新房子以前，他既没注意到也不在意是一位女士一直在为他料理家务。

一天，他走进卧室，发现妻子坐在化妆台前伤心痛哭。

“到底怎么回事啊？”他想要知道。

“我不喜欢住在一栋完全不属于我的房子里，”她抽泣着告诉他，“没有一样东西是合我心意的。”

他尽力使自己平和地在她身旁坐下跟她开玩笑，希望逗得她一高兴就把那件烦心的事给忘了。她又怀了第三个孩子，怀孕总是使她觉得非常不舒服，也许她是真的不愉快。

罗斯福对他的家庭生活十分满足，他每天在下班后从屋子里进进出出，逗詹姆士及两岁半的安娜玩，晚上带朋友回家吃饭，第二天一早就到办公室上班。

即使别人认为他对法律事业不是很认真，现在他也已经是法律书记界的优秀人才了。

“哦，我不会永远从事律师业，”他以愉快而不经意的态度告诉家人，“也许有一天我甚至会成为总统。”

当时他自己的堂哥正在其位，所以这听起来好像是个有趣的笑话。他向他们表示，他要通过同样的途径去追求总统的职位：先做州议会议员，接着担任海军副部长，然后当纽约州州长，再以此进入白宫。

1909年3月，罗斯福和爱伦娜的第三个孩子出生了，他名叫小富兰克林·德兰诺·罗斯福。全家的一切情况一直都很好，但秋天时三个孩子都感染上了流行性感冒。

安娜和詹姆士都康复了，但是只有8个月大的与富兰克林·罗斯福同名的儿子却死了，孩子悲痛欲绝的双亲和他们的朋友把他带到海德公园，安置在圣·詹姆士教堂的墓地。伤心的父母经过很长一段时间才从丧子的噩耗中恢复过来，因为他们从未想到过会失去看上去那样健康可爱的一个儿子。

之后，富兰克林·德兰诺·罗斯福便集中心力于自己的事业，并且从中得到很多安慰。冬日将尽时，爱伦娜又怀了一个孩子，这才使她稍感宽慰。

这时，罗斯福将他的兴趣导入了另一个方向。早年在哈佛时，他就慢慢地培养出政治方面的才华。虽然他不能确定是否能够模仿泰迪堂哥的路线，但是对于竞选公务员这回事，他却并非真是开玩笑的。儿子去世的那年冬天，罗斯福的一宗法律事务使他和荷兰郡的民主党领袖有了一席谈话。话锋一启，连连不断，不久他便问罗斯福是否愿意考虑代表哥伦比亚、普特南和荷兰郡等地区竞选州参议员。在共和党势力范围地区之内，任何民主党提名的人要想入主参议院是根本没有机会的，所以罗斯福成功的机会将是相当渺茫的。

罗斯福当然有资格接受提名，即使他知道自己不会得胜，如果他能为党把这件工作做好，将来就有希望获得另一次的提名。这就像他父亲经常说的，有财富、闲暇和有能力的人，应该把他们的时间用于公共服务。

罗斯福家族的人虽然隶属于不同党派，彼此之间却都忠诚以对。罗斯福这位未来的候选人去咨询泰德·罗斯福的姐姐——住在华盛顿的安泰·贝，希望知道最近退休的共和党总统对于罗斯福以民主党提名竞选的看法如何。事实证明，罗斯福得到了泰迪堂哥衷心的鼓励。

因此，富兰克林·罗斯福回到他心爱的哈德逊河谷地，他喜欢这里甚于世界上的其他任何地方，他决心要把这件以前没有做过的选举工作做得尽善尽美。在海德公园的房子里，还有他母亲和两个孩子与他同住。爱伦娜留在纽约待产，另一个孩子——艾略特于 1910 年 9 月 23 日诞生。

早在爱伦娜起床活动并且能够出席他的政见发表会之前，他的竞选活动就已经开始进行了。老练的政客们都很惊讶于他所

使用的竞选方式，选民们也感到惊奇。他租了一辆双汽缸的麦克斯威尔旅行车并雇用车主当司机，然后和其他的地方候选人一起前往三个郡的每一个城镇和村庄。

他快乐的情绪影响了每一个人。他爽朗、喜欢开玩笑，有才气又英俊潇洒，而且还不到29岁，然而凭借对农业问题的知识，却使得农民们对他刮目相看。他本来就像他父亲一样，是这地区的一名农夫，当他谈论土地、苹果收获、市场及森林保护等问题时，选民们都穿着工作服前来聆听。

他开了很多次玩笑说他不是泰迪，而在一次政见发表会上，有个小男孩对他说，“我知道你不是泰迪，因为你并没有张牙舞爪地发脾气。”

另外一次他对选民说：“我不是个演说家。”

“你不必是个演说家，罗斯福！你就用那种方式跟我们说话吧，那就是我们喜欢听的。”

选举日之前，在海德公园政见发表会上的演说结束了他的竞选活动。刚开始竞选的时候，他不是个演说家，但是接近选举日时，他已经快成为一位很好的演说家了。

选举结果甚至使选民也感到惊讶，富兰克林·罗斯福给了他的共和党对手一次痛击，并且遥遥领先于其他的民主党候选人。他是32年来第一位来自那个地区的民主党参议员，在他之前的最后一位是纽伯兹家的一员。

罗斯福太太准备搬到他们在爱伯尼的史特街248号租的房子去，富兰克林·罗斯福则准备从华尔街54号的律师事务所搬进参议院去。莎拉和他们共度了数日，帮助他们安定下来。在爱伯尼家中的第一次社交活动就是为参议员罗斯福的支持者们所举行的元旦招待会。

参加总统助选

元旦那天，这位面色红润而信心十足的新任参议员和他的妻子接待访客长达数小时之久。罗斯福不停地穿梭于宾客之间，他俊秀的椭圆形脸庞看起来有点像刚被选为新泽西州州长的民主党候选人伍德洛·威尔逊。

这位极富魅力的新任参议员不愿迷失在参议院的人群之中，因此，只要他认为适当，就会遵循选民们的意愿，在参议院的议员席上奋力直言。

过了不久，便有一个机会使他成为众人注目的焦点，那就是领导拥有坚强的对抗势力的纽约市坦慕尼派政策机构。那时，有一位来自纽约州的全国参议员的任期满了，他是一位共和党议员，但是那时候全国参议员是由州议会选举的，而纽约州议会的议员大多数都是民主党员，不必问就知道下一位参议员一定是位民主党员，因此，这个对抗是在民主党之内的城市与乡村的对抗，也是一个很长时期的对抗。坦慕尼派声称支持威廉·希汉，而富兰克林·罗斯福领导的运动内容却是支持希汉的对手——爱德华·薛伯。

富兰克林·罗斯福又一次赢得了个人光彩的胜利。他所属的党派发现他是个勇敢、无畏又机灵的人物，而且具有政治家的涵养，只有必要时才会显露出他的真本事。

在他使坦慕尼派完全屈服之前，州议会停顿了数个星期，一位仲裁代表也被选了出来。富兰克林·罗斯福的名字开始出现在全国新闻上，因为美国各地的政客都在密切注意那强大而有势力的纽约州所发生的事情。但是罗斯福和坦慕尼派的斗争并未结束，他仅仅只是使那只“老虎”受了伤而已。

可是，这初期的胜利对于他在州参议院的工作有很大的影响力，不久，他又开始从事保护哈德逊河谷地森林的运动了。

自从孩提时代在森林中徜徉、打猎时，罗斯福就喜欢上树木。这些年来，他更了解到树木对于保持自然的平衡是多么重要，他知道了它们如何以落叶来肥沃土壤、如何保持土壤肥力和其中的湿度，也是由于它们所具有的冷却作用，天上的云朵才会降雨到谷地。如果政府允许木材加工业者砍伐所有的树木而又没有明智的选择林种进行再次栽植，那么这丰腴、碧绿而肥沃的谷地将变成一片光秃甚至沙化的荒地。

罗斯福的秘书整日忙于处理他的工作和信件，因为他强调要与美国各地以及其他国家的人民保持联系。他在国外的旅行和亲戚的关系使他对于美国及外国事务比许多人有更广泛的认识。此外，他还和另外两位曾在华尔街 54 号工作过的律师合伙在华尔街 52 号成立了一个律师事务所——马因·胡克及罗斯福律师事务所。

他也使他的家人忙碌，特别是在爱伯尼的家，因为他常在那里举行会议，而且那里有多余的卧房可以让住在市区外的访客留宿。

他注意到妻子很喜欢在爱伯尼的生活，他知道这一方面是因为她对任何一种使社会进步的活动都有浓厚的兴趣，另一方面则是因为他母亲已返回纽约。他和爱伦娜结婚 6 年了，这是她第一次亲自料理自己的家。她明白地表示她很好客，也喜欢为他的委员会议准备点心。而以她自己的方

青年罗斯福

式来做这些事情，也给了她更多的前所未有的自信心。他很高兴她正渐渐培养出对于政治的爱好。

富兰克林·罗斯福深深爱着他的家庭，他越来越喜欢他的孩子们，而他们也逐渐长大到足以感受他的爱。但是他一生中真正最为热爱的还是政治，而对政治的见识和个性中的睿智则是他最大的天赋与才能。

1911年，他的政治见解在新泽西州和威尔逊州长身上大放异彩。许多人都认为威尔逊是总统的人选，在他被选为州长之后，拥护威尔逊当总统的俱乐部也立刻成立。罗斯福爱好历史，对于伍德洛·威尔逊的五册美国史和许多短文都很熟悉。他知道威尔逊是个博学的人，并且他作为行政首长的能力已经在新泽西州得到肯定。由于这些的缘故，他决定去拜见他。冬天，他到新泽西州做了一趟旅行，并且拜访了威尔逊州长。

富兰克林·罗斯福平时能够泰然自若地处于豪华的家具与陈设之中，平静地与高贵人士畅谈，但是当他被引导进入州长办公室时，突然感到一阵自卑。这位普林斯顿的前任校长和年轻人在一起时，显然十分习惯于坚持自己的立场。

威尔逊州长坐在大型桃心木的书桌后面，身后是一排排皮革装订的书籍。威尔逊说话时遣词用句都极为优美，富兰克林·罗斯福从来没有听过这么美妙动听的措辞。威尔逊当时55岁，但是因为瘦而显得较为年轻，他的眼睛透过无框眼镜呈现出钢一般的颜色，而突出的颚骨看起来则像是一块铁。他自称为“仆人”而非办公室主管。他不喜欢微笑，因而显得他的身份高过仅仅是一州之长的职位。“自由”这个词对威尔逊来说含有更广泛的意义。

威尔逊州长谈到“新自由”，也谈到从少数人手里解放美国政府，然后再一次将它交给人民。

“各国都在屏息观看这个年轻的国家将以她旺盛的精力做出什么事情，而我们不得不为我们的强盛骄傲！然而，是什么力量使得我们强盛呢？是数百万人的辛劳，是那些既不夸张也不显眼的人们的辛劳……这是我们祖国的光荣之一，没有人能够预言国家的领袖们将来自什么家庭、什么地区甚至什么种族。”

威尔逊州长把美国视为国际家庭里的一个负责分子，值得信任而又壮大强盛。

富兰克林·罗斯福怀着满腔兴奋的赞叹赶回纽约。罗斯福感到：威尔逊将会是个有伟大前途的人，他是那种愿意为理想献身的人，他最伟大的梦想就是世界和平，因为他记得战争的痛苦。整个南北战争期间，威尔逊州长家都住在乔治亚州的奥古斯都，他父亲是那儿第一长老会的牧师。他们的教区也变成了联军犯人的监狱。战争结束时，威尔逊大约 9 岁，已经足以了解并且记得他在战争中所看到的一切：粮食短缺和饥饿，横行的军队以及淡忘道德的人们。

“威尔逊可以当美国总统，我认为他是最佳人选。”富兰克林·罗斯福向各党派的领袖表达自己的观点，许多人也都同意他的看法。

拥护威尔逊做总统的运动开始在全国各地展开。威尔逊州长本人也在国内到处旅行，对选民发表演说，同时，罗斯福也和别人共同组织了纽约州威尔逊联合会，努力征募参加全国民主党代表大会的支持威尔逊的代表。

不久，富兰克林·罗斯福便发现坦慕尼派反对威尔逊，虽然他曾经在某个争论上胜过坦慕尼，但是现在这只“老虎”又像以前一样强壮了，它的影响力支配了整个纽约州民主党的选举意向。代表大会于 1912 年 6 月在巴尔的摩召开，在会上纽约代表宣誓愿为俄亥俄州州长恰得森·哈门效力。大会前的几个星期，威尔逊的支持率及获胜的可能性都大大下降，整个情势相当危急。

富兰克林·罗斯福仍然热情地希望威尔逊能够被提名，他和爱伦娜在巴尔的摩租了一栋房子，这样他就可以对会议及会议前精密筹划的进度了如指掌。

就在他焦急地奔走于代表大会委员之间时，他本身却成了一个引人注目的人物。他之所以被人注意，是因为他高大、英俊、有冲劲而且全力支持伍德洛·威尔逊。他得知纽约州某些独立派的报纸编辑们得不到进入新闻区的门票，便赶去与此区负责人——约瑟夫斯·丹尼尔斯商讨这件事，他们之间一段重要而持久的友谊也开始于此。丹尼尔斯是卓越的北卡罗莱那州人，《罗利新闻及观察家》的编辑，国家委员，也是威尔逊忠实的支持者。他比富兰克林·罗斯福大了差不多20岁，比罗斯福强壮但却要矮一个头，他完全被这位来自纽约州的出色又年轻的参议员给迷住了，那种可贵的勇气和冲劲在现在可不多见。6月份最后一个星期，大会的议程就一再地把他们撮合在一起。

巴尔的摩的6月炎热而潮湿，会议厅里挤着数以百计的代表，他们抽着卷烟、雪茄或是烟斗，空气浑浊得不得了。但是富兰克林·罗斯福的兴致极高；会议带给他的紧张和兴奋一天胜过一天，有时候使得他的脉搏整晚都狂跳，他的眼睛里始终闪烁着快乐的神采。他相信，威尔逊可能会当选，他一定会当选的！

这是民主党能够赢得全国大选的一年，因为一星期前共和党才在芝加哥柯立仁的代表大会上分裂了。事实上，假如由民主党员来计划这件事，共和党也不可能有更好的结局。在支持俄亥俄州的威廉·哈维·泰伏特连任的保守党和想要再度提名西奥多·罗斯福的进步党之间也有一场激烈的争战。西奥多在泰伏特之前已经雄居白宫8年了。大会进行的第三天，情势的发展显示出泰伏特将会入选，而脾气暴躁的西奥多堂哥被打败了，他愤而走出会议厅，然后声称要成立属于他自己的第三个党派，民主党人也愉快地希望他会另成一党。

正式会议于1912年6月24日星期一在巴尔的摩召开，罗斯福不知道他是否能在所有的预备工作以及最后提名和附议的演说中突破重围而获得胜利。直到星期四提名才刚刚开始，总共有八个候选人参加竞选。第一位是阿拉巴马州的参议员奥斯卡·恩特华，然后是密苏里州的众议院议长千普·克拉克。每一个人都得到热烈的喝彩，会议看起来好像会持续整晚，一直到

早上两点钟以后，新泽西州开姆丹的约翰·威斯考特才站起来提名威尔逊。

最后，大会在星期五进行第一次投票。结果是：克拉克440又1/2票；威尔逊324票；哈门148票；恩特华117又1/2票；其他人都落在后面。显然这场竞选是克拉克和威尔逊之间的战争，除非他们之中的一位能够得到2/3的票数，否则这场战争就将持续下去。经过了九次唱票，两位候选人的情况都毫无进展，然后纽约代表的发言人便站起来，把一大堆票转投给克拉克，这都是坦慕尼派干的好事！

与其他每一位威尔逊的支持者一样，罗斯福现在必须发挥出他所有的精力和政治才能。在新泽西州等候消息的威尔逊想要撤销提名，但是他的助选员们却不允许他这么做。

爱伦娜出席了一些会议，但是她不明白其中的内情，因为许多事都是在幕后进行的。富兰克林·罗斯福没有时间为她解释，但是他答应以后有空时再为她说明。

“既然我们很少看到你，你也不太需要我们陪伴，”爱伦娜最后宣布，“我想我还是带孩子们到坎伯贝乐去，等会议结束之后，你再来和我们相聚。”

罗斯福同意了，然后他又立刻冲回那燥热而烟雾缭绕的总部和聚会所，紧张屏息地过了几天，直到竞选的获胜趋势转向威尔逊为止。其他州的代表们对于坦慕尼派欺负他们的做法，显然非常愤慨。唱票接着唱票，但是，票源上却有渐趋支持威尔逊的倾向，第十五次投票之后克拉克就开始落后了。在第二十六次投票时，克拉克得到463又1/2票，威尔逊则有407又1/2票，这时少数候选人为了巩固阵营已经退出竞选了。坦慕尼派人士和威尔逊助选员穿梭在走廊和代表之间，无论工作还是谈话都激烈又快速。到星期六会议休会时，情况看起来好像是两位候选人都必须撤销提名以缓解僵持的局面。

星期一整天他们都在投票，到了7月2日星期二时，威尔逊转而领先。第四十二次投票时，他以494票对克拉克的420

票，威尔逊支持者们已经兴奋得快要发狂了！那次投票后，规模很大的伊利诺伊州代表团转向支持威尔逊，弗吉尼亚州代表不久也归向了他。第四十六次投票时，阿拉巴马州转向占优势的威尔逊，俄亥俄州也是如此。大会简直疯狂了！威尔逊现在有990票，他是党的候选人了——在这一年内铁定会促成一次民主党的胜利！

富兰克林·罗斯福像其他每一个人一样，高兴得发狂且精疲力竭了。他们的会开了一个多星期，那期间他们几乎没有充分的睡眠，也没有正常的饮食。会议一结束他就冲出去发了一封电报给爱伦娜——

今天下午威尔逊获得提名，我所有的计划都大获全胜。

——罗斯福

当罗斯福跳上坎伯贝乐的码头时，脸上泛着愉快的红晕，他先后把六岁的安娜和四岁半的詹姆士抱起来抛向空中，然后再把快两岁的艾略特放在肩膀上走进屋里去。

1912年11月，罗斯福再度参加竞选，他表示这次竞选要像从未参加竞选似的来进行各项活动，因为他所做的每一件事都能影响到那个州里对整个民主党的提名。

“首先你必须好好休息一下。”爱伦娜对他说，他能够从她说话的语气中分辨出她的意思。

所谓“休息”就是乘坐“半月二号”掠过芳迪海湾，把手放在舵柄上，考虑着秋天的竞选活动；或是在冷水中游泳，漂浮在水面上，仰观飘过的云朵，计划着秋天的选举活动；也可以是晚上坐在餐桌旁吃一顿悠闲的晚饭，和妻子、母亲以及访客们谈论秋天的竞选。

“今年我们必须早点回去。”罗斯福感慨地说，爱伦娜也同意了。

回到海德公园之后，罗斯福夫妇就去检查了他们在纽约市的房子，罗斯福开始感到有点不舒服，那天晚上他就发烧生病了。

第二天早上，他觉得非常不舒服，罗斯福太太请来一位医生，但是诊断了好几天他都无法判定到底是怎么回事。最后罗斯福被诊断为伤寒症，罗斯福太太因为费心地照顾丈夫而觉得有点累，不幸也被感染。他们俩都病得很厉害，莎拉太太便立刻赶到海德公园照顾他们。

爱伦娜很快就痊愈了，但是罗斯福却还是病得很厉害，根本不能起床，更别提为他的竞选活动做任何事情了。这是多么具有讽刺意味啊！他变得焦躁不安。就在这一年，第三个党派——进步党从共和党的组织中分裂出来，他们提名西奥多作为候选人。因此，1913 年 1 月份的时候将有三位主要候选人会参加竞选：两位共和党人和一位民主党人。

富兰克林·罗斯福愁眉不展地接受了这场命运的考验。

“亲爱的爱伦娜，”他对妻子说，“你记得爱伯尼的报纸发行人路易斯·何威吗？上次他说支持我竞选参议员。”

她点点头说：“是不是那个瘦得像小鬼又爱抽香烟的人?”

“是的，我想请他为我开展竞选活动。”

“你能够请到他为你冒这个险吗?”

她想到纽约州北部一家独立报纸的发行人就因为坚决反对一些民主党机构所做的事而破产了。那个机构使他失去了刊载政府法律短评的机会，而那些机构却也是他最大的广告客户。

很幸运，路易斯·何威同意为罗斯福开展竞选活动。他看准了富兰克林·罗斯福前途无量，而罗斯福则视路易斯·何威为值得信任的朋友。何威把竞选活动办得很成功，富兰克林·罗斯福再度被大多数人选为参议员，而伍德洛·威尔逊也击败了西奥多·罗斯福而赢得了总统的职位。另外还有一件有关选举的好消息：富兰克林·罗斯福在葛罗顿和哈佛的朋友兰若普·布朗也被纽约第一国会地区选入国会。

被选为参议员的消息使罗斯福的伤寒症几乎不药而愈，最后他终于又能够迈着大步走路了。有一天，他冲出办公室，跑到爱伯尼去赶火车，以便在参议院中挺身提出某些问题。

3月，罗斯福在华盛顿参观总统就职典礼，当他急急忙忙地走过威勒旅馆的大厅时，突然看见约瑟夫斯·丹尼尔斯，他便一把抓住丹尼尔斯的手。

“真高兴听到你被任命为海军部长的消息，恭喜你!”富兰克林·罗斯福说道。他知道丹尼尔斯是个多么能干并且多么适合那个职位的人。

但丹尼尔斯部长的回答着实令他吃了一惊：“你愿意到华盛顿做海军副部长吗?”

“我愿意吗?”富兰克林·罗斯福大叫，“我简直太喜欢这个职位了！这比世界上其他任何事情都更令我兴奋！我很高兴能够和这个新政府建立关系。我一生中最喜欢的就是船，我也曾经做过海军学生，副部长的职位是我最期望的。”

当然，丹尼尔斯必须征询威尔逊总统对这件事的意见。不出他们的意料，总统答应了。

富兰克林·罗斯福曾在党务会议上暗示，他想在联邦政府找个职位，但是他并不是真的认为自己能够得到他所想要的那个职位，也就是泰迪堂哥曾经做过的海军副部长一职。

罗斯福内心燃烧着希望的火花前去观看总统就职典礼，在国会会议厅高起的台子上，站着即将卸任的西奥多总统和即将就任的威尔逊总统。为了安全起见，台子前面的一大片区域都被围索拦住而不准人们接近，但是当威尔逊总统看到围索时，他却说：“把围索去掉，让民众进来!”于是民众们立刻蜂拥而至，挤到他站着的台子下面，倾听他的就职演说。

“这不是个胜利的日子，而是个献身的日子。我们不仅要集合党的力量，还要集合人的力量。人类的心灵正等候着我们；人类的命运还悬而未决；人类的希望有赖于我们所说出的我们将要做的事情。”

海军副部长

1913年3月的那个月里，富兰克林·罗斯福得到通知，总统和参议院已经同意任命他为海军副部长，于是他立刻返回华盛顿进行宣誓就职。

最先来的恭贺信中有一封来自西奥多·罗斯福：

> 很高兴你被任命为海军副部长……我相信你一定对得到这个职位感到很高兴，你一定能做出一番显赫的事业。

当然，在华盛顿的职位也使罗斯福的整个家庭可以在首都拥有一个家，爱伦娜开始做她的工作——招待和拜访国会议员、法官及海军官员的太太们，她发现自己离政治圈越来越近了。兰若普·布朗全家搬到华盛顿，这是非常令人高兴的事。

海军副部长罗斯福

正如泰迪堂哥所预言的，富兰克林·罗斯福开始从事“显赫的事业”，比他年纪大得多的人都开始敬佩他超乎寻常的行政能力。他发现海军部长通常负责交际的工作——出席内阁会议、与总统以及国会领袖们商量事情等，而副部长则负责堆积如山的案牍工作。

富兰克林·罗斯福并不想让他的工作局限于那个范畴。对海军军队和所造的船只，他想完全熟悉它们，因此，尽管部里为他安排了秘书，他还是写信给爱伯尼的路易斯·何威，请他到华盛顿来做自己的私人秘书。路易斯·何威也愿意全力效忠于富兰克林·罗斯福，一收到罗斯福的信，他便立刻带着妻子和两个孩子搬到华盛顿来。他相信罗斯福将来一定会大有作为，便已经开始叫罗斯福为“未来总统阁下”或“未来总统先生”。

罗斯福很快便开始了访问海军基地和检阅船只的工作，他发现许多年老的海军上将所统率的都是帆船，因为在那时候汽船仍然是相当新的。这些老海军们知道他对于操纵帆船的方法非常熟悉，于是他很容易就和他们成为朋友了。

他有充分的权力命令船只带他到港口和海岸线上做巡阅工作，有一天他踏上驱逐舰“福洛斯号”，沿着缅因州的海岸巡航。

当他们到达缅因州和坎伯贝乐岛之间的狭窄水域时，富兰克林·罗斯福站起来表示他想要掌船通过这个地区。副舰长小威尔·柯西中尉对这个提议感到相当不安，高速行驶的驱逐舰可不是一条独桅艇！罗斯福不顾他的警告，面带着笑容握住了舵机，几分钟之后，柯西副舰长才放松了紧张的情绪，露出了微笑。

后来柯西说：“一艘驱逐舰的船头可能直接指向水道，然而它却不一定在安全的水路上。它在靠近舰桥的某一点回转时，要把船身的2/3转向船尾，也就是说，它的船尾要转两倍于船头的弧度。当罗斯福先生第一次回转时，我看到他回过头来检查船尾转变的弧度，于是我就不再担忧了。他知道该怎么做。”

当海若·史达克中尉听到这件事时，他大笑着说：“哦，罗斯福先生真是个非常好的船长。”

罗斯福最担忧的就是美国海军的规模太小又没有效率的问题。他所做过的旅行使他对欧洲的政治有更深一层的认识。他焦虑地阅读着巴尔干地区因争论边界和争夺领土而引起战争的报道。当他担任海军副部长时，土耳其共和国刚在第一次巴尔干战争中被逐出巴尔干半岛。第二次巴尔干战争的战火于同年6月末被再度点燃，战争大约持续了一个月，这次是保加利亚对抗塞尔维亚和希腊，但是小国之间的战事一旦爆发，主要的强国都会难免涉入。

资料链接

巴尔干战争

巴尔干战争是1912～1913年间为争夺土耳其在巴尔干半岛的属地而发生的两次战争。

第一次巴尔干战争(1912.10～1913.5)

巴尔干同盟对土耳其的战争。意土战争（1911～1912）期间，保加利亚、塞尔维亚、希腊和门的内哥罗结成巴尔干同盟，1912年10月9日，门的内哥罗首先向土宣战，17、18日，保加利亚、塞尔维亚和希腊先后参战。10月底保军逼近君士坦丁堡（今伊斯坦布尔）。至11月中旬，土耳其在巴尔干的属地只剩君士坦丁堡等五处。11月初，土耳其请求欧洲列强调停，并于12月3日与保、塞、门三国签订休战协定。在欧洲列强斡旋下，1912年12月16日土耳其与四个交战国在伦敦开始议和谈判。1913年1月23日，土耳其国内发生政变，新政府在德国的支持下，态度强硬，和谈破裂。2月3日，战事再起。3月5日，希军攻克亚尼纳。3月26日，保、塞联军攻陷亚得里亚堡。4月22日，斯库台土军投降。土耳其再次求和。5月30日，土耳其与巴尔干四国签订《伦敦条约》。条约规定，埃内兹至黑海的米迪耶一线以西的土耳其欧陆属地（阿尔巴尼亚除外）和克里特岛割让给巴尔干同盟国家；阿尔巴尼亚独立，但须受俄、英、法、德、奥、意六大国监督；爱琴海诸岛问题则由德、奥、英、俄4国处理。

第二次巴尔干战争(1913.6～1913.8)

以保加利亚为一方，希腊、塞尔维亚、罗马尼亚、门的内哥罗和土耳其为另一方的战争。第一次巴尔干战争结束后，塞尔维亚由于未得到通往亚得里亚海出海口，要求得地最多的保加利亚划出马其顿的一部分作为补偿；希腊要求领有马其顿的南部和西色雷斯。未参加同盟的罗马尼亚则要求占有南多布罗加。1913年6月1日，塞、希秘密订立反保同盟，罗马尼亚旋即加入。6月29日，保对塞、希发动突然攻击，遭到猛烈抵抗。土耳其欲乘机收复失地，于7月16日向保加利亚发动进攻。7月29日保加利亚力求乞和。8月10日签订了《布加勒斯特条约》。依约，塞取得马其顿的大部，希取得马其顿南部（包括萨洛尼卡）、色雷斯西部和克里特岛，罗取得南多布罗加，土收回东色雷斯和亚得里亚堡，门的内哥罗的领土也有扩充。通过两次巴尔干战争，塞尔维亚实力大为增强。这就加深了塞与奥匈帝国的矛盾，终于使巴尔干半岛成为第一次世界大战的导火索。

罗斯福为了建立规模更大、也更有效率的海军，做出了一项激烈而冲动的举动，但他的行动却遭到了政府和海军双方面的反对。威尔逊不是喜好穷兵黩武的人，丹尼尔斯也不是。威尔逊和丹尼尔斯对于世界和平都有很强的信心。罗斯福是固执的，而他的上司也是一样固执。罗斯福觉得他的上司目光短浅而狭隘，便开始到处宣扬自己和丹尼尔斯部长之间的不和，甚至在社交集会上取笑他，叫他“山地居民”。最后，罗斯福的一个朋友指责他这么做是不对的。

罗斯福接受了斥责。他现在已经太骄傲了，而实际上，对于国际的关系，他确实还有许多需要学习的地方。

不久，他又受到另一次来自坦慕尼派机构的斥责。他任副部长一年多时，没有和任何人商议，甚至连爱伦娜也没有，就宣布自己要竞选全国的参议员。丹尼尔斯部长和路易斯·何威都劝他打消这个念头，但他还是决定参加 1914 年 9 月的民主党预选会。

老奸巨猾的坦慕尼派知道如何对付这件事，他们推举出一位候选人来对抗富兰克林·罗斯福，那是一位条件非常优秀也非常受尊敬的人，党内没有一个人能够提出任何真正反对他的意见。

富兰克林·罗斯福和爱伦娜及孩子们一同到坎伯贝乐避暑，他忧愁地对她说："路易斯认为我发疯了！"而她也只是紧抿嘴唇不予回答。

那年夏天，有一阵子，他们的家庭危机代替了罗斯福的政治忧虑。爱伦娜在 8 月末将生产他们的第五个孩子，他们计划请她的老医生从纽约过来照顾她。但是他们把日子算错了，1914 年 8 月 16 日深夜，她感到孩子即将出世却没有医生，罗斯福只得匆匆穿上衣服，从窗口向一位船夫大叫，要他准备好一条小船。他很快就坐上船，穿过海湾到大陆，并从那里带回来一位他们的朋友——贝那医生—— 一个缅因州路贝克人。

这件事情可麻烦得很，因为是难产，罗斯福太太的产痛从晚间持续到第二天，而第二天也疼了一整天。这段时间，贝那医生始终未曾离开她的身边，直到他确定母子平安。17 号晚上，一个男孩出世了，父母再一次给他取名为小富兰克林·罗斯福。

家庭和政治的双重压力影响着富兰克林·德兰诺·罗斯福，他的骄傲自大渐渐消失了。鱼尾纹开始出现在他的眼睛周围。他把妻子和新生的儿子交给母亲和保姆照顾，然后便返回纽约州参加 9 月的预选。现在他已经心里有数，自己不会赢了。果然，他没有被选上。这次竞选前他没有和那些比他聪明的人商议，因而遭到了严厉地指责。

他没有时间来抚慰自己的困窘，因为世界局势吸引了每一个人的注意力。自从第二次巴尔干战争之后，欧洲就变成了一个武装阵营。德国的黩武政权把军队增加到了战时的数量，其他国家，如法国、俄国和奥匈帝国由于恐惧会被打击也都纷纷扩充军备。

1914 年 6 月，奥匈帝国王位继承人弗兰西斯·费迪南大公和他妻子到巴尔干半岛上的一个国家旅行，他们在靠近塞尔维亚边界的沙拉耶佛市被刺。塞尔维亚遭到责难，而塞尔维亚所提出的把这件事提交到海牙国际法庭的要求被驳回了，于是奥匈帝国向塞尔维亚宣战。至此，俄国也开始调动军队，接着德国先后向俄国及法国宣战。

德国行军通过了比利时并侵入法国，破坏了比利时的中立，英国便向德国宣战。富兰克林·罗斯福知道美国可能真的会被卷入战争，他剩余的嚣张气焰都消失了。他开始了解威尔逊眼中的忧虑以及丹尼尔斯为何犹豫不决而不愿动武。德国“扩充军备”的计划使整个欧洲都陷入“备战”状态。

富兰克林·罗斯福现在有了三个儿子：詹姆士快 7 岁了、艾略特四岁、小富兰克林·德兰诺出生才 17 天。他们长大后会死于战争吗？有了儿子使他反省，他这时渴望真知灼见。

后来在华盛顿的日子，都由于忧郁和担心而变得紧张又黯淡。富兰克林·罗斯福很高兴到秋天时爱伦娜就能够来和自己团聚，因为跟她谈论事情能够帮助他做出较好的决定。年轻的海军军官太太们对她即将回来也都高兴，在她们的丈夫被派到危险地区的时候，她就像是她们的母亲，随时给她们安慰和勇气。

自从欧洲的战事爆发以后，富兰克林·罗斯福又重新提起充实战备的意见，他开始对丹尼尔斯施加压力。美国必须扩建海军部队，否则，如果英国舰队发生了任何事情，美国就将无依无靠了。

英国海军是强大的，它在世界各地众多的殖民地使大不列颠能够帮助美国国外的船只，运送伤患以及食品救难的工作。赫伯·胡佛先生那时正在英国从事给欧洲大陆上饥饿的战争牺牲者分配食物的工作。有一段时间，英国曾使德国不易获得战争物资的补给，但是德国有一种新式舰艇——潜水艇。那时刚刚成功发明潜水艇，第一次世界大战时才首度大规模地使用。德国派出了潜水艇舰队包围英国，使它得不到食物补给。不久，德国又进行无限制潜艇战，也就是说，用潜水艇去攻击没有武装的商船以及军舰。1915 年 5 月 7 日，一艘德国潜水艇击沉了“路西坦尼亚号”——一艘没有武装的英国客轮，造成 1200 人死亡，而他们之中有一百人以上是美国人。美国民众的情绪都已经高涨到几乎沸腾了。

为抑制民众的激愤，威尔逊总统告诉德国政府，如果他们停止攻击没有武装的船只，他愿承担一切的责任。

对此，罗斯福写了一封鼓励和赞美的信函给威尔逊总统——

我只是想告诉你，这些天来我片刻都无法忘记你，我非常清楚你所肩负的责任重大，我也无需重述我效命的忠诚，希望你能了解。我深深感到，全国人民都赞成并支持你的方针……

“这封信使我觉得我所做的一切都是值得的。”威尔逊总统回信写道。

在这段危险的日子里，富兰克林·罗斯福对于威尔逊完全奉献的伟大精神了解的愈来愈深。他知道威尔逊最后作出的同意扩充军备计划的决定是经过多么痛苦的抉择。威尔逊深深了解战争的本质，他不希望这种事情再发生于美国。

像大多数其他的政府官员一样，罗斯福计划整个夏天都留在华盛顿，以书信方式和在坎伯贝乐的家人保持联系。但是在 7 月的第一天早上，他腹痛如绞，胃也不舒服，再加上额头滚烫，很早便醒来了。他拉了拉铃，仆人闻声跑来。几小时之后，他便躺在一家医院的手术房里接受切除盲肠的手术。然后，他必须经受一段漫长而无聊的复原期。

结果，他 7 月份的大部分时间都在坎伯贝乐和家人一起度过，直到8月才回到华盛顿。

“这儿天气较热，但是一切尚好，”他写信给爱伦娜说，“亲亲孩子们，告诉艾略特不要忘了他要学习认识时间的诺言。”两天以后他说：“部里似乎相当平静，但是仍有一大堆的工作。”同一星期的信上说：“亲爱的爱伦娜！昨天下午我到麦古汉尼家去了，要在那儿住三个晚上，雪维·契斯的天气真是非常冷。”

青年时期打高尔夫球的罗斯福

雪维·契斯的边界扩展到了马里兰州，每次去那里拜访朋友，他都可以玩上几局高尔夫球。他喜欢高尔夫几乎就像喜欢航海一样。

世界局势愈来愈坏了，整个秋冬两季，约瑟夫斯·丹尼尔斯和富兰克林·罗斯福以及高层海军官员都在商议如何增强美国海军的力量。商议进行之中，罗斯福得了严重的喉头炎，部分原因是他工作过于劳累，因此他必须前往大西洋城休养。这次是他母亲来照顾他，爱伦娜则安静地留在华盛顿的家里，她要生第六个孩子了。1916年3月13日，约翰·爱斯平沃·罗斯福出生。

那年春天，除了参战的恐惧外，美国又有了另一种恐惧——流行性小儿麻痹症。小儿麻痹以前在美国发生过，但是1916年夏天的那次流行是最厉害的。刚开始是在纽约的布鲁克林发现了一些病例，然后蔓延到整个纽约州，接着又越过长岛传染到大西洋海岸附近的地区。

恐惧在逐渐扩大。没有人知道它到底是什么病，没有人知

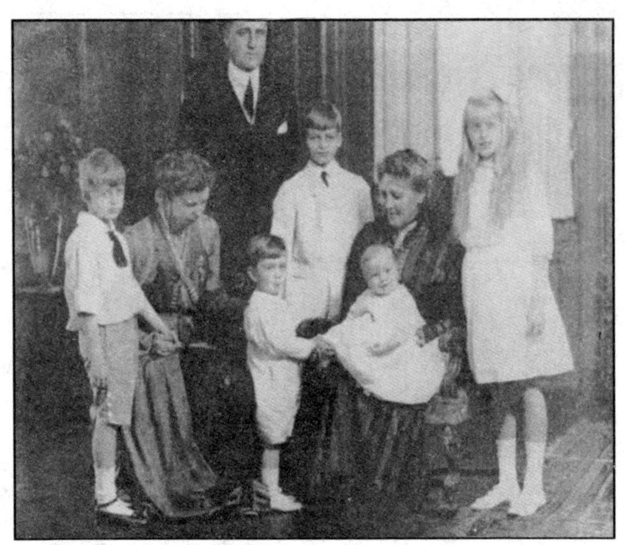

1916 年罗斯福全家摄于华盛顿

道它是由什么细菌造成的，甚至也没有人知道它是如何蔓延的。大部分的病例都是 16 岁以下的孩子，其中的四分之三的年龄在 5 岁以下。数以百计的有小孩的家庭都挤上火车或他们自己的汽车，想要逃到国内其他地区，但是被警察阻止了。医生和护士只能眼看着那些罹患的人忍受痛苦却也爱莫能助。纽约市就有大约 9000 个病例，已经死了 2000 人。

“亲爱的，”罗斯福在 7 月初从华盛顿写信给在坎伯贝乐的妻子，“小儿麻痹在纽约及附近地区的流行真是令人毛骨悚然!”

1916 年 7 月 23 日，他告诉她：

华盛顿的气温似乎已接近沸点……我仍然希望在星期三的深夜能够顺利动身，星期五早上坐火车到达东港……我将参加 8 月 14 日中午在纽约召开的参议院委员会议。也就是说，我恐怕必须在 3 号早上离开坎伯贝乐，或者甚至前一晚就得走。我非常高兴知道小爱伦娜已经渐渐康复，而较大的孩子们都真的喜欢我们的游泳池。纸短情长爱无尽，我期盼星期五的来临。你挚爱的罗斯福。

罗斯福在家停留的时间虽短，但他却很安心。孩子们常常会有胃不舒服或其他的小毛病，但是他们都很健康。感谢上苍！他在赶回华盛顿时心里这么想着。他真不愿离开他们，但这一年是总统大选年，而伍德洛·威尔逊必须连任，“一定”要连任。

8月，新的小儿麻痹症病例数目不断增加，富兰克林·罗斯福要求爱伦娜和孩子们留在坎伯贝乐岛，等待所有的危险过去。整个9月一直到冬天，她都是这么做的。虽然她还是让仆人们走了。由于对潜水艇的恐惧，她们差不多孤立了，直到10月，富兰克林·罗斯福才派了一条军船去接她们，然后把她们送到海德公园码头。爱伦娜在海德公园把孩子们交给了他们的祖母、家庭教师和保姆，然后便回到华盛顿和罗斯福在一起。

“我有预感，我们将有一场迫在眉睫的灾难！”当他们再度相聚于首都时她说道，他严肃地点点头。如果战争再持续下去，美国一定会被卷进战争的漩涡中。

加入战争还是远离战争，成为总统竞选活动中的大问题。有人觉得保护人类自由，使人类免于武力侵害是美国的义务；有人觉得不管目的如何，战争都是错误的；有人则想到如果美国参战将会给他们带来多大的利益。全国选举的结果很快就要揭晓了，不用等到最后的统计表送来，伍德洛·威尔逊就已被确定连任了。

同盟国和协约国都希望争取美国加入他们那一边，因而世界局势变得愈来愈紧张。威尔逊总统是个理想主义者，他告诉国会如果创立一个国际联盟，他可以预见美国将成为世界和平的领导者。富兰克林·罗斯福则持有一种比总统更积极、更急切的

态度，但是，在威尔逊的手下工作愈久，他愈深深感受到年长的政治家的影响。

1917 年 2 月，美国政府决定和德国断绝外交关系，因为德国仍然不顾威尔逊和其他各国外交家们所做的一切，继续无限制地实行潜艇战和暴力行为。

富兰克林·罗斯福知道舰队在古巴关塔那摩的美国海军基地，而丹尼尔斯又不在华盛顿。无奈中，他便赶去白宫。

“威尔逊总统，我能否请您允许将舰队从关塔那摩撤回，送到海军造船厂加以整修及加强装备，以便随时准备加入战争？”

“很抱歉，罗斯福先生，我不能允许你这么做。”

威尔逊总统解释，如果在德国大使解职之后马上就这么做，这将会被视为不友善的行为，这对未来的总统来说又是一门外交新课。

过了几个星期，威尔逊总统面带愁容地出现于国会之上，在最高法院官员和他的内阁成员面前请求宣战。他在演说中不断地陈述了中立船只和医护船只的沉船事件。

罗斯福和爱伦娜均出席听取了总统的宣战檄文。

爱伦娜参加了红十字妇女供食队，罗斯福则投身于一项体力薄弱之人不能胜任的工作计划。一家报纸的社论称他“有年富力壮的心，有结实的手”。大家对于他姓罗斯福并不表示惊讶，然而，他仍然具有在葛罗顿中学时的友善和在哈佛大学时被人所广泛接受的领导力。每当态度强硬而经验老到的新闻记者来采访他不敢发表的新闻时，他们都不知不觉地在他迷人的热诚之中软化，然后毫无所获地离去。

美国海军将立刻行动，这大都是富兰克林·罗斯福的功劳。此外，他又谋划出重要战略，提出一项终止“英吉利海峡和北海以水雷弹对抗潜水艇”的计划。他坚信自己的想法是对的，于是向他的上司、军事战略家们、威尔逊总统及英国海军总部拼命鼓吹，直到那项计划变为既成事实。战争之后，事实也证明了被用于对抗潜水艇上从而保护大不列颠群岛的那项计划是非常有效的。

1917年末，另一个充满野心的想法在他心中酝酿，他想去部队。兰若普·布朗自愿做一名坦克部队的士兵，他在哈佛时的许多同学也都穿上了戎装。当他安静地坐在华盛顿的办公室里时，一船船的年轻人已经被送往国外。海军部长丹尼尔斯知道富兰克林·罗斯福想要去军队的消息时，立刻摇头反对，他认为这位华盛顿最有本领也最能干的年轻人之一必须留在他的岗位上，直到战争结束。

富兰克林·罗斯福的政治伙伴们希望他在秋天时考虑竞选纽约州州长，但是他拒绝了，因为他已经了解了威尔逊的构想，必须先有战争才有战后长久的和平。

威尔逊总统于1918年1月向国会提出著名的“十四点和平计划”，勾勒出他战后伟大的理想与计划：禁止秘密外交、保障海上自由、克服经济障碍等。其中最重要的是第十四点：“设立国际联盟，保证各国的政治独立和领土完整。”

1918年的夏天，罗斯福被派往国外检阅美国海军并且了解战区的一切情形，因而他才得以真正直接地看到战争。

为了对罗斯福的行程进行保密，没有任何人前来送行。他乘坐的驱逐舰是五艘运输船的护卫舰之一，他们采取迂回路线以避开潜水艇的耳目。他走到甲板上，用冷静的声音和船上其他的人交谈，企图隐藏他的兴奋和紧张。

罗斯福首先到达英国，和英、美两国的海军高级官员会谈，并前往医院慰问伤患人员。“一个人在这里会感到自己更接近战争，”他在日记上写道，“我们一支海军陆战队已经损失了1280人。”当他渡过海峡到达法国，在敦刻尔克港口城镇登陆时，情绪非常低落。敦刻尔克是个军事重镇，曾经经历过一段艰苦的时光。“这个地方没有一栋完整的房子……每晚都被轰炸……我在镇上看不到一扇玻璃窗，几乎每一家门前都是残瓦碎砾……”

罗斯福渐渐了解到战争的真谛，某次空袭时，他躲在防空避难所里，看到了人们沉着勇敢。他在去法国的路上经过了加来港，“加来被炸得很厉害。”他的公务车在铁路沿线穿过一大群向前拥挤的人潮，“所有的城镇和乡村都有军队驻扎。”巴黎市的大半都被前进的德国军队占领，富兰克林·罗斯福真的有种接近战争的感觉。出发去前线之前，他参加了欢迎赫伯·胡佛的午宴，因而有了与法国共和国的总统波昂卡瑞及其夫人交谈的机会。

到前线的道路比从海岸到巴黎的道路更恐怖，罗斯福经过被蹂躏过的村庄，在马恩河上的谢瑞城堡看到了“安全的毁灭”。他在日记中写道：“我们面前的战地上有许多小十字架标明那些死于旷野中的人。”这个景象是几天前同盟国胜利的第二次马恩河之役造成的，对于同盟国来说，这个“安全的毁灭”是本次战役中很重要的一部分。

每当富兰克林·罗斯福放眼一望，就会看到：“翻倒的圆石头、倒下的树、临时筑成的防空洞、生锈的步枪刺刀、被遗弃的外套、被雨水玷污的情书……”难怪威尔逊总统要求国会宣战时会表现出那么深的痛苦！难怪呀，他对世界和平的信念愈来愈深了。

他的汽车开过最近才被轰炸过的村庄，直到最后到达了“第一个真正参与作战行动的记号——一个观测气球”。他在医院看到一个病人在手术台上动手术时，炮弹击中他们所在的建筑，震碎了所有的窗户；当他的车子经过一段受德军监视的道路时，又有一颗炮弹就在他后面爆炸了。

他驶过补给线到维丹——“没有一间房子保持原状”——他又戴上钢盔和防毒面具，跟他的同伴前往战场，看到军队的士兵在既不卫生、通风条件又不好的隧道中休息；走到几百码之内的火线上，他便看到“被炮火严重翻腾的地面……赤裸、褐黑而死气沉沉的”。

他想看的战争，就是这个样子。

这就是文明人用来解决他们之间争端的方法。

身残志坚

要成大事，就得既有理想，又讲实际，不能走极端。

——罗斯福

罹患小儿麻痹

富兰克林·罗斯福在法国的白瑞斯特上船准备返回美国时有点发烧，觉得浑身不舒服，而且关节也都在疼痛。船上的许多人也都有同样的感觉，原来他们染上了正在欧洲猖獗传播的流行性感冒。事实上，轮船抵达纽约之前就已经死了好多人，罗斯福的病已经转成肺炎，爱伦娜和医生以及一辆救护车就在码头等候着他，接他去海德公园度过了一段漫长的日子。

对这么一位爱活动的人来说，那无疑是一段非常难挨的时光，特别是当罗斯福知道华盛顿方面是多么需要他后。但是那些日子确实给了他一个机会，使他享受到与家人团聚的喜悦。

罗斯福夫妇

他们真是被世界及国家大事分隔了，12 岁的安娜·爱伦娜有一只叫做酋长的小警犬，现在她可以时常与父亲谈论它了。他的儿子们也拿着自己做的船模型和搜集的昆虫、甲虫围绕着他。他答应孩子们，只要有机会一定带他们到他小时候常去的丛林中漫步。此外，他们在坎伯贝乐的船呢？他们大家都想知道它的去向。罗斯福把“半月二号”卖掉了，因为他知道地方演习需要那条船，但他保证会再买一条船。

“我们将会有一艘帆船，”他愉快地宣布，“你们每一个人都要学习自己驾驶它。”

孩子们睡了之后，罗斯福和爱伦娜才有时间来讨论孩子们的前途，特别是受教育的问题。安娜正在纽约市的私立学校读书，那时候女孩子通常并不读大学，安娜的父母也没有为她安排这项计划，但是她在结婚之前还是进入康乃尔农学院念了几个月。

当然，男孩子都要进葛罗顿，他们的申请书很早以前就已经被编档保存着了。1920 年秋天，詹姆士将成为第一个入校者。

这对夫妇讨论的还有一些其他的事情，也就是令富兰克林·罗斯福深深感到困扰的一些事情。

“爱伦娜，等我好了之后，我要去从军，我无法留在这儿看着受苦的人们忍受煎熬。”

但是，命运却为罗斯福做了另外的安排。他和爱伦娜及孩子们一回到华盛顿后，流行性感冒就开始在这个家庭大肆猖獗地传播，他和孩子们及 3 个仆人都感染上了。这些年来，爱伦娜的能力已大有进步，她仅仅靠一位护士的帮忙便照顾了全家人，并且还继续着她在红十字会的工作。

世界大势阻止了罗斯福从军的意愿，1918 年 11 月 11 日，第一次世界大战结束了！奥匈帝国在夏天瓦解，保加利亚和土耳其于 9 月投降，接着是德国和同盟国之间的休战。

美国加入战争时并未希望从其中得到什么，它是唯一以此为前提加入战争的国家，而且它也认为世界上的人民都正希望它来建立世界和平。伍德洛·威尔逊是美国出席巴黎和谈的全权代表。

12月初，威尔逊总统和其他外交家们出发前往巴黎，次年1月中旬罗斯福也去了。身为海军副部长的他必须出国去监督海军物资的运输及人员的遣散工作。

威尔逊总统

听到泰迪·罗斯福逝世的消息时，罗斯福和爱伦娜正在旅途中，他们一到巴黎就去探望了泰迪的2个儿子——柯密特和小希尔德。泰迪堂哥的4个儿子都正在服兵役；阿契伯德和小希尔德及昆亭在美国空军，其中昆亭已经去世，柯密特则在英国陆军。

罗斯福夫妇在社交集会上遇到了各种重要人物以及那些似乎已在巴黎成功的人。

和谈的点点滴滴传到了他们的耳朵里，事情进行得不是很顺利。威尔逊为了他的国际联盟主张而据理力争，但是他必须了解，其他的人都是为了寻求他们自己的利益，他们以割让领土及超过德国偿付能力的赔偿办法来惩罚。像威尔逊这样有远见的理想主义者便遭遇了一段非常艰苦而沮丧的时光。不过，最后他还是成功了，《凡尔赛条约》终于将设立国际联盟确立为最后和平条约的条款之一。

资料链接

《凡尔赛条约》

《凡尔赛条约》是第一次世界大战后，战胜国对战败国的和约。《凡尔赛条约》的主要目的是惩罚和削弱德国。

条约的主要内容：

1. 重新划分德国疆界。阿尔萨斯和洛林归还法国；萨尔煤矿区由国际联盟代管十五年，然后由公民投票决定其归属；莱茵河西岸的德国领土由协约国军队占领十五年，东岸五十千米以内德国不得设防；德国承认奥地利独立，不得同它合并；承认波兰独立，把原属波兰的领土基本上还给波兰。

2. 德国的海外殖民地被战胜国瓜分。

3. 限制德国军备。废除普遍义务兵役制，陆军不得超过十万人，海军只能保留轻型水面舰艇，不得拥有主力舰和潜水艇，不准拥有空军。

4. 德国支付大量战争赔款。

《凡尔赛条约》签订现场

罗斯福和爱伦娜与威尔逊夫妇同船返回了美国。有一天，他们被邀请与威尔逊夫妇共进午餐，威尔逊先生又和他们谈到了他一生始终坚信的主题：

“美国是唯一没有私欲的国家，所以我们必须加入国际联盟，否则会令全世界痛心。”

当轮船抵达波士顿时，欢迎威尔逊的热烈场面使罗斯福夫妇产生了希望。他们的车子跟着总统的座车穿过了街道上一排排欢呼的人群，前去赴克尔文·柯立芝州长夫妇为了欢迎他们而准备的午宴。而返回华盛顿的旅途中也同样充满了欢欣鼓舞。

但是，他们回家后不久就知道了有一种反对美国卷入欧洲国家的风潮正在流行。威尔逊总统便到国内各地去旅行演说，解释国际联盟的主张。富兰克林·罗斯福也做着同样的事情，但是孤立主义者主张的风潮仍在继续高涨。

威尔逊总统对于国内正在反对他的伟大梦想感到很痛心。9月末，罗斯福夫妇接到消息，威尔逊总统在科罗拉多州的漂伯乐对听众演说了自己的主张之后身体就崩溃了，他返回华盛顿时得了血栓症，整个左半身都麻痹了。

“由他所属的党去继续那个成立世界组织的想法吧。”这是富兰克林·罗斯福的意见，许多人——虽然不是全部——也都同意他。

1918年的选举中，民主党在两院都失去了控制，1920年总统大选开始之前，全国弥漫着一片强烈的倾向于共和党的趋势。

6月，全国代表大会的激奋被再度掀起，共和党的裂痕已被修复，共和党议员们在芝加哥集会，提名俄亥俄州的参议员华伦·哈定参加竞选。

富兰克林·罗斯福要前往旧金山出席国际代表大会，他决心尽力促使国际联盟的主张成为党纲中主要的项目。他希望纽约州州长阿佛烈·史密斯能获得提名。

阿佛烈的身世与富兰克林·罗斯福的身世刚好相反。他出身于纽约市贫民窟中一个贫穷的爱尔兰移民家庭，那个贫民窟爱伦娜曾经带罗斯福去看过。他的父亲在史密斯 12 岁的时候就去世了，他被迫辍学做工；他的母亲在一家雨伞工厂工作，而他则去做以日计酬的临时工，后来，他每天都在佛顿鱼市场工作 12 小时。21 岁时，他已经是个成熟又世故的人了，在地方政治上很活跃。他以非常不容易的渐进方式进入政府机构，一步一步地慢慢去认识政府。他做州议会的议员时就已经知道了州政府应该去革新的事项，等自己当了州长时便把那些事情差不多一一全都实现了。

富兰克林·罗斯福到达旧金山后，见到了一般常见的混乱、游说活动以及会前会议等。会议的结果是很难预料的，就像八年前在巴尔的摩一样。开幕那天，一幅威尔逊总统的大幅油画被揭开，一支向目前病倒的总统致敬的示威游行队伍窜了出来，这情景使富兰克林·罗斯福的心绪涨得都快爆炸了，直到又向纽约代表看了一眼。他们没有起身加入游行队伍，好吧，他要让纽约的代表们看看他们是否能够控制他们自己州的思想！他大步走入人群，冲进游行队伍之间，从一个粗壮的人手中接过州旗，尽力把它高高举起，他确实是个强壮而高大的人。

候选人提名的时间到了，富兰克林·罗斯福是附议阿佛烈·史密斯提名的发言人之一。提名是按字母次序排列，所以他必须耐心地等待一连串的提名、附议和简介的结束。

第一次投票时有 22 位候选人，但是其中只有 4 位有真正雄厚的实力：第一位是加州的威廉·麦卡杜，他是威尔逊总统的女婿；下一位是宾州的米契尔·帕摩；然后是俄亥俄州州长詹姆士·寇克斯；最后一位便是阿弗烈·史密斯。接着就是一连串的投票活动。阿弗烈·史密斯很快就失败了，最后竞选成为麦卡杜和寇克斯之间的竞争。在第四十二次一州接一州地唱名上，寇克斯暂时赢了。

但是副总统怎么办呢？候选人必须是威尔逊那边的人，并且必须和寇克斯来自不同的地区。

“你想要谁来做副总统呢，寇克斯先生？”共和党的工作人员问他。

“我的选择是纽约州的富兰克林·罗斯福。”他回答。

这次秘密会谈发生时富兰克林·罗斯福并不在场，但是当他被询问到是否愿意做寇克斯的竞选伙伴时，他立刻精神抖擞得像匹竖直鬃毛、用蹄蹬的壮马，一副跃跃欲试的样子。

大会已经认可了国际联盟，并采纳了一项有力的政纲条款。现在已经可以证明伍德洛·威尔逊是对的，那些支持他的人将在国内每个角落发起运动，他们将会获得胜利，甚至是对抗逆流的胜利！

一个来自俄亥俄州的人提名罗斯福，眉飞色舞的阿佛烈·史密斯附议赞成。富兰克林·罗斯福对他所得的喝采感到很惊讶。事实上，其他的候选人已纷纷撤出，于是他获得了全场一致通过而被提名。

他接受提名的演说给人们留下了深刻的印象——

> 我以谦逊的态度和尽力效忠国家的热切希望接受副总统的提名……我们必须睁大眼睛看看已是如此复杂的现代文明，现代文明人的生命早已和其他国家的人息息相关，……战争可以被“宣布”；和平却不行。和平必须通过彼此间相互同意来建立……今天我们在国际这个家庭的桌子上安排了一个位置，目的是让较小的民族能够真正安全地决定他们自己的命运……“美好的昨日”永远地过去了，我们没有任何遗憾。因为我们的眼睛是被用来向前看的——朝更好的新日子前进……美国的机会就在身边。我们可以用伟大的思想来领导世界……

罗斯福和民主党中明智的人物都知道1920年是属于共和党的，但是就富兰克林·罗福斯而言，那并没有一丝一毫减少他对政治大竞赛的激动心情。竞赛使他兴奋极了，不管是胜是败，他都计划做大约一千次的演说。

在国家政府做了八年幕僚工作使罗斯福已成为世故而老练的政治家。他懂得施与受的道理，知道不可不计后果地贸然行事，也知道必须尽可能和党内所有的派系和睦相处。此外，他为阿佛烈·史密斯所做的附议演说缓和了他与坦慕尼的关系，那是个好现象！

罗斯福和寇克斯的合作进展得很顺利，他们俩出乎意料地一致认为他们竞选活动的第一步应该是晋谒总统并向他致敬。

当富兰克林·罗斯福看到伍德洛·威尔逊时，他的眼中充满了泪水，并且几乎夺眶而出。虽然是炎热的夏天，憔悴而衰弱的威尔逊仍然裹着大围巾坐在白宫里一根柱廊旁的安乐椅中，他的左臂松弛无力而不能使用，他甚至没有注意到正在向他走近的两个人。

"他病得很重！"寇克斯州长悄悄对罗斯福说。

寇克斯州长和总统说了几句话，威尔逊听到了他的声音便抬起头来，以低沉而微弱的声音回答："谢谢你们来看我，我很高兴。"

"总统先生，我们将一百万分地支持您和您的政策，也就是国际联盟。"

威尔逊总统又以病快快的声音说："我非常感激！"

他们眼看着一位伟大的斗士在战争中跌倒，在那场解救人类免于恐惧的战争中。

富兰克林·罗斯福为了第一次竞选演说而远赴西北部，两位负责采访海军总部新闻的记者马文·麦因泰和史蒂芬·俄利与他同行。路易斯·何威则留在华盛顿处理海军方面的事务。在富兰克林·罗斯福第二次进行横贯全国的旅行时，何威也加入了。

不久，罗斯福又为总统竞选活动做了第三次横贯全国的旅行，这次在他的特别车厢中仍有一大群人，其中还包括爱伦娜。

路易斯·何威能知人善任，他从未错过使用这种能力的机会。因此，在这次竞选活动中，他时常和罗斯福太太重复讨论罗斯福演讲的内容，她的许多观念和批评都对竞选成功很有帮助，而他也尽力教导她政治方面的知识。

“以前我从未把时间耗在进出于政坛、着迷地倾听近乎相同的演说、看到别人时面带微笑或是以流畅的语言和完全陌生的人打招呼。”她说。

“路易斯喜欢你。”罗斯福告诉她，她也尽她所能的去喜欢路易斯·何威。

“大部分和你在一起的人都认为你有一天会成为总统，罗斯福。”她告诉他。

这次选举的成功将有助于他成为未来的总统候选人，但是他和寇克斯州长也仍无法阻止国内风起云涌的孤立主义风潮。共和党提名的人获得了压倒性的胜利，哈定和他的竞选伙伴克尔文·柯立芝开始执掌政权。

除了爱伦娜之外，没有人知道富兰克林·罗斯福有多么失望。“我看我们还是开始计划在海德公园的感恩节庆祝活动吧，我认为我们应该使它成为前所未有的最棒的一天，一次真正的家庭团聚。”爱伦娜安慰罗斯福说。

那真是一次整个家族的盛会，莎拉为她的儿子暂时脱离了政务上的烦恼而感到安慰。这儿有5个孩子——安娜·爱伦娜现在14岁，长得很标致，长长的金发垂在脑后，即使穿着水手服和裙子，她的身材看起来仍然纤细而苗条；詹姆士差不多13岁，刚念完葛罗顿的第一学期而放假回家。艾略特10岁、小罗斯福6岁、约翰4岁半。

富兰克林·罗斯福立即恢复他往日的欢乐，他和罗斯福太太听到小希尔德·罗斯福将成为新任的海军副部长时心情非常舒畅。这是第三位拥有那个职位的罗斯福，年轻的小希尔德继承了父亲的优秀传统，以共和党提名参加热烈的竞选，现在他得到回报了。

支持民主党的罗斯福家在海德公园为圣诞节举行了另一次庆祝活动，然后又前往纽约市的房子度过剩下的冬天。大选之时，和这个家庭共同过了几个星期的是一位叫做玛格丽特·乐·韩德的年轻小姐。她担任了临时秘书，帮罗斯福先生处理信件。她很快就变成了每一个人的“秘书”。她做事有效率，值得信任，爽朗、活泼又有一种全心奉献的精神，令罗斯福全家都非常满意。

选举之后，富兰克林·罗斯福接受了马里兰州信托公司在纽约分公司的职位，韩德小姐就变成了他的永久秘书。他并非真的没有事情做，因为他仍然是自己的律师事务所的一员，现在的事务长是爱莫特·马文。

1921年春天渐近，罗斯福的家人开始计划着到坎伯贝乐岛上去度过一个漫长而阴凉的夏天。孩子们兴奋地谈论着他们的新帆船——威瑞欧号。

突然，富兰克林·罗斯福被召回华盛顿，新政府发动了一项调查，调查以前的政府是如何处理海军事务的，所以富兰克林·罗斯福必须出席作证并阐明澄清。罗斯福太太又一次带着孩子们到坎伯贝乐等他，而他则必须回到炎热的首都。

英俊而出色的富兰克林·罗斯福凭借他极佳的记忆力提供了最具说服力的证言：“对于我做了各种犯罪行为的说法，是无法以直接或间接的证据来支持的，”他做结论说，“参议员们无法提出证据来支持新政府……利用海军踢政治足球的事即将终止。各地的人都已经厌倦了对过去历史党派的争论……”他说完时，整个诉讼案件就完结了。7月21日，他写信给爱伦娜：

> 最亲爱的爱伦娜，我昨天愤怒地离开了华盛顿……希望我到家时所有的船都已准备好了……我亲吻所有的孩子，更为你献上无数个吻。
>
> 你挚爱的罗斯福

他疲倦得不得了，只渴望凉爽轻快的空气和一次真正的假期，这是战后他的第一次假期。他站在开往小岛的船只甲板上时是7月31日。由于坏天气和浓雾，船行驶得很慢，他简直迫不及待了。

他想着渴望已久的深海钓鱼以及带孩子们去露营的事，此外，他们还必须计划一些野餐和郊游。

到达岛上后，他发现何威太太及何威家的孩子们已经和他的家人在一起了，他告诉她，路易斯·何威几天之内将有远行。

接下来的那个星期里，他和家人及客人去航行、游泳、到户外漫步、打网球以及做长夜的休憩，但是这仍无法消除他的疲乏，甚至教孩子们操纵"威瑞欧号"也似乎于事无补。

8月10号是个晴朗、略有微风的好日子，罗斯福带着爱伦娜和孩子们去航行。他们在湖上泛舟，每个男孩子都轮流操作舵机。在沿着海岸线回家的途中，他们注意到树梢上有点点星火，看起来像是山林火灾。防止火灾是每一个人的责任，富兰克林·罗斯福立刻将船搁浅，然后赶快上岸去救火。

火焰扑灭之后，他们彼此相视大笑。他们全都精疲力竭，感觉燥热而又肮脏，而且脸上和衣服上都是黑点。

"我们需要游泳。"富兰克林·罗斯福说道。

"游泳！游泳！"孩子们吵闹着，于是他们冲向一个小内陆湖，这个湖也位于坎伯贝乐岛上。

罗斯福太太则回家等候他们并且准备晚饭。

和孩子们在湖中游完泳后，富兰克林·罗斯福觉得还不过瘾，他大步慢跑到岸边，跳进海湾中更冷的水里。然后他小跑回家，到家后随手抓起一叠他们出去时送来的信件，还没有换下湿的游泳裤就坐到前面的走廊上拆阅去了。

他突然打了一个寒战，接着又打了一个。

"我不希望感冒，"他对爱伦娜说，"我看我得直接上床让身体暖一暖了。"

她问他想不想吃晚饭，"不想，"他回答道，"我不觉得饿，只觉得冷。”

他滑进被窝里，把被单拉到颚下，尽量使自己放松。航行、游泳以及横贯岛上的短跑应该使他觉得舒服，但是他却全身疼痛，即使没吃东西胃里也在翻腾。他断断续续地打盹，却由于背部和腿部传来的痛楚不时醒来，但他不想叫醒爱伦娜。

早上，爱伦娜来到他的床边，用手摸摸他的额头说，“你发烧了！罗斯福。”

“我全身都痛得很，爱伦娜，我不能带孩子们去露营了，但是我答应过他们。”

“葛丽丝·何威会带他们去的，我留在这儿陪你。”

他的疼痛愈来愈剧烈，爱伦娜又一次从路贝克请来贝那医生，但是医生也看不出他生的是什么病。

麻痹开始侵入，扩散到富兰克林·罗福斯的腿，然后到他的背、手臂以及手上。葛丽丝·何威给她的丈夫拍了一封电报叫他立刻赶来。

富兰克林·罗斯福在星期三晚上病倒了，到星期五，他已经完全不能走动。那时，路易斯·何威已经来到他身边，他和贝那医生一起回到大陆去找了另一位金医生。金医生是宾夕法尼亚州的一位专家，此刻他正好在哈伯海湾度假，听到罗斯福的病情，他答应到坎伯贝乐来。诊断后，他认为麻痹是由下脊柱的血块引起的。

“必须每天仔细地为他按摩肌肉。”他交代道。

爱伦娜和路易斯·何威是岛上仅有的两名“护士”，他们全天 24 小时一起照顾这位他们俩都挚爱的病人。

按摩是会痛的，富兰克林·罗斯福屏住呼吸默默忍受着疼痛。医生说，血块会渐渐被他的身体吸收，当他的手开始渐渐恢复，直到能够使用时，医生的理论便被证明似乎是对的。但是不久，医生又改变了主意，认为罗斯福的病可能是脊髓的机能障碍，这就更严重了，但他最后是会康复的，两位医生都这么确信。

什么时候才是“最后”呢？他想要站起来，到处走走、游泳、航行、和孩子们沿着海滩赛跑、和邻居打高尔夫球以及和路易斯·何威计划未来的竞选活动。那么，他还要像个无助的婴孩般在这儿躺多久呢？

全力支持罗斯福的何威坚持做他的私人秘书，他忠实地把所有的信件大声念给他听并且代他回信。

8月的日子过得缓慢又黯淡，富兰克林·罗斯福的热度持续着，他的疼痛也持续着，医生开始认为他下半部脊柱的淤血也许是小儿麻痹侵袭的结果。

这个意见使每一个人都惊呆了！爱伦娜坚持找一位专家来咨询，于是波士顿的罗伯·洛维特医生立刻赶来。他宣布了这个不幸的消息——确实是小儿麻痹症。

但是孩子们呢？富兰克林·罗斯福突然惊愕地问。他的孩子们也都曾经暴露于病源呀！洛维特医生告诉他，孩子们都没有危险，但是富兰克林·罗斯福仍然不放心，直到好几个星期过去后他才放心。

既然知道了自己的病情，他还能期望痊愈吗？可能永远不会痊愈了！富兰克林·罗斯福把头向后靠在枕头上，绝望地注视着太太，他们一起听着洛维特医生其余的忠告：

“我相信药物只有一点点用处，或是根本没有用，如果药物会破坏胃口就更不值得服用了。安眠药倒可能有用。”

同时，洛维特医生希望他们停止按摩。

“治疗上没有什么别的好办法了，”洛维特医生继续说，“这是最难让病人家属了解的事情之一。我想现在可以考虑使用热水浴，因为那真的对病情的减轻有所帮助并且可以鼓舞病人，他在水面以下可以用腿做更多的活动。这种病可能会造成病人情绪的消沉，有时甚至易怒敏感。”

当罗斯福夫妇单独相处时，罗斯福向爱伦娜倾吐了他的痛苦，他看到她的脸上出现了一种震惊和忧虑的表情。

“请你尽可能委婉地把这个消息告诉我的母亲和孩子们。”

他这么要求她，她点头答应。

她看到他的眼里闪现出一种坚强而冷静的神情，那种神情她以前曾经看到过。第一次是他向坦慕尼派挑衅，接着顽强地要求在华盛顿扩建海军时；另一次就是当他前往华盛顿反驳最近调查的控诉时。富兰克林·罗斯福不是一个容易屈服的人，更不可能被疾病击倒的。

然后爱伦娜给莎拉·罗斯福写了一封措辞谨慎的信函，莎拉整个夏天都在欧洲，而且随时准备回来。

“亲爱的妈妈，罗斯福病得很厉害，他很抱歉星期二不能去见您了。……我们很高兴您又将回家了，亲爱的妈妈，您不知道我们是多么渴望您回家……”

虽然信写得是那么冷静并且将大事化小，但莎拉还是匆匆赶回坎伯贝乐。

同时，医生说过，一旦病人觉得舒服一点就让他坐起来，于是富兰克林·罗斯福迫不及待地就那么做了。

“现在就让我们来试试看，爱伦娜。”他说。

爱伦娜和路易斯·何威都站在旁边看着他，这么做对他自己和旁边的两人来说都是一项痛苦的考验。路易斯·何威不愿放弃希望，他相信富兰克林·罗斯福是会康复的，他比以前更爱说罗斯福有一天会成为美国总统了。

直到9月中旬，他们全体都留在坎伯贝乐，因为在此之前医生不准他们移动罗斯福。

“我们准备带你去纽约，”爱伦娜告诉他，“洛维特医生希望你进入普利斯拜特灵医院接受约翰·德瑞泊医生的治疗。”

“约翰·德瑞泊比我早一年毕业于葛罗顿，”富兰克林·罗斯福以轻松的口吻说，“我会喜欢接受他的照料的。”

像往常一样，路易士·何威一支接一支地抽着香烟，但是他抽得比平常更快，因为他很担心罗斯福的政治生涯。他不希望任何人发现富兰克林·罗斯福得了小儿麻痹，也不希望新闻记者，特别是摄影师，看到他躺在担架上。

何威向罗斯福的家人宣布他要好好计划如何将富兰克林·罗斯福送到纽约，他很聪明地安排了两条同时离开坎伯贝乐的船，然后向新闻界发布消息说富兰克林·罗斯福将乘坐汽艇，且会在东港的某个码头靠岸。当一群记者眼巴巴地等在那里时，他却带着躺在担架上的罗斯福在另一个码头靠岸，然后让他通过火车车窗进入一个私人车厢。这个计划成功了，而民众所看到的则是富兰克林·罗斯福在火车车窗中的脸孔，他面带微笑并且在向他们点头致意。

从缅因州到纽约市的铁路路程相当漫长，不时地震动和颠簸使罗斯福的背部和腿部都不舒服，但是他在家人和朋友的脸上看出了他们的痛苦和绝望，他不希望再看到那些表情。他下决心不再表现出任何痛苦和绝望，也绝对不再发出任何抱怨。他不能视自己为“病人”，也不准孩子们认为他是个“病人”或与正常人有什么不同。生病的阶段结束了，剩下的是他要努力的恢复活动。如果不能恢复走路的能力，那么他就必须学习如何凭借异常的身体来过日子。

安顿好富兰克林·罗斯福之后，德瑞泊医生告诉新闻记者，病人只是患了轻微的小儿麻痹并且正在康复之中，他不会永远残废的。

在普利斯拜特灵医院走廊的前后都听得见罗斯福的欢声笑语，他正在跟护士及陪伴他的人开玩笑。爱伦娜带孩子们来看他时，他就已准备好和他们角力或跟他们玩耍。他还是像以前一样对他们学校的情况以及他们的雄心壮志感到很有兴趣。他向他们夸大病情好转的程度，表演如何将身体撑起去拉挂在床头上的铃，或是弯曲手臂，把锻炼出来的大肌肉给他们看。

他的老长官约瑟夫斯·丹尼尔斯从北卡罗莱那州前来探望他，像其他每一个探病的人一样，他以为自己会看到一个因生病的沮丧而需要鼓舞的人，但是当他走近罗斯福的病床时，罗斯福用力在他下颏上打了一拳，使他踉踉舱舱地倒退了几步。富兰

克林·罗斯福见状则大笑不已。

“你以为你是来看病人，”他说，“但是我却能在任一回合将你打倒。”

最能帮助他保持勇气的是一位高贵而文雅的妇人，她每天都在医院里——每当罗斯福看到爱伦娜站在他的床边，那么冷静而全心全意，他就明白自己娶了一个比他以前所知道的还要更坚强的女人。

罗斯福也知道对于他的未来，有一场温和的战争正在她和他母亲之间进行，他母亲希望他退休并回到海德公园，终此余生做一个病弱的乡下绅士，他的妻子则更加知道什么才最适合他。他渐渐清楚那一个女人是比较坚强的，也将会赢得这场战争的胜利。一个男人真正需要知道，也最能鼓舞他的勇气的，就是他的妻子愿意与他并肩作战。

在普利斯拜特灵住了六个星期之后，罗斯福的病情好转了很多，已经能够靠着枕头坐起来，但是他的腿还有一段时间恢复。10 月 28 日，罗斯福出院回家了。他想，全家人要多么困难才能适应这样的一个自己啊！他要帮助他们，就像他们帮助他一样。他必须尽力像从前一样正常而能干。他们所喜欢的例行活动必须恢复：冬天住在纽约市；感恩节和圣诞节在海德公园庆祝；夏天则在坎伯贝乐避暑。他终于可以坐起来，也可以自由活动手臂和肩膀了，也就是说他能够操纵帆船和钓鱼竿了。此外，他还要尽快每天去办公室上班。

要想每天上班，他还必须不断地治疗，此外，也需要做一些特别的运动来恢复腿上和腹部松弛而萎缩的肌肉。

要想完成这一切的事情，他就需要一种完全崭新的人格特质，这种特质就是耐心。

快乐勇士

那些帮助他的医生和护士们为他上了最好的一课——人性中的耐心可以是无穷无尽的。有时候这些医生和护士对于自己缺乏的知识只能绝望地耸耸肩。很自然地，他对小儿麻痹的兴趣很强烈，但是医生却无法告诉他自己也不知道的事。也许政府事务的繁文缛节可以被简化，但是对医药的研究却是没有捷径的。他必须终其一生的工作、研究、期待，再工作、研究、期待……

医生们告诉他，他们所知道的小儿麻痹是一种古老的疾病。过去曾经发现了一张描绘古埃及坟墓的图画，上面就有一个肢体萎缩的人物。沃特·史考特爵士的残疾也可能是小儿麻痹所造成的。小儿麻痹由滤过性病毒引起，那些病毒是一种非常小的粒子，现在的显微镜根本无法看见它。没有人能真正完整而正确地说出它是如何从一个人或一个地方传到另一个人或另一个地方的。小儿麻痹滤过性病毒一旦进入人体就会侵害神经细胞，这就是造成麻痹的原因。

只是在 20 世纪小儿麻痹才会造成破坏性如此强大的后果。美国第一次流行小儿麻痹是在 1894 年，但是从没有一次流行像 1916 年那次扩散蔓延得那么厉害。那次这种疾病流行时，罗斯福太太带着孩子们在坎伯贝乐一直待到 10 月。

不同的医生对病人所需要的治疗有不同的看法，但是有一点基本事实却是他们全体都认可的，那就是肌肉的运动神经死了，肌肉就不能够再随意活动，所以四肢必须靠一些外在的助力来按摩或推动。

罗斯福必须借挂在床上帮助他起身的机械装置来锻炼他的

背肌，以便能坐在轮椅上。然后他必须学习如何使用拐杖来平衡自己。

他刚刚将自己从病床上解脱出来，膝盖后的肌肉就开始抽紧而萎缩。医生必须将他的双腿打上石膏以防止膝盖被拉长变形。医生们把楔子插在石膏后面，每天加深一点，这样才能痛苦而缓慢地将他的脚腱拉回到原来的长度。最后他们为他拆除石膏，他便开始了戴钢架的奋斗。

装钢架时他背部平躺，然后靠着别人的帮助把自己撑起来坐进轮椅中。这位精力充沛的海军副部长、威尔逊的老兵和全国公职的候选人，必须被人扶着站起来，必须有人教他拄着拐杖走路，就像个婴儿被人教导学走第一步一样。每次努力之后，他都重重地坐回轮椅中，脸上的汗水直流。

“春天时我就能够走路了！你等着看吧，你等着看吧！”

但是春天以前，他开始了解，要想恢复双腿的使用，横在他面前的是多么漫长而缓慢的苦差事，那可能需要好多年呢！

当一个人在卧室时，他为了要移动，必须从床上下来到地板上爬行，他明白自己已接触到人性最深处的卑微。也许再变成一个婴儿，他就能够再度成长并且成长得更好。但是，只要必须爬行或像个婴儿般攀附在别人肩上，他还能再复出于公务生活吗？不，天哪！如果他真想再出现在演说家的讲台上，他就必须用自己的两只脚站着，也就是说他必须探索出医生所知道的各种新治疗法以及新观念，来恢复他萎缩而麻痹的肌肉。

在马萨诸塞州马瑞安的威廉·麦唐纳医生是他的第一位治疗专家，几年来，罗斯福和爱伦娜每年夏天都去马瑞安，这样罗斯福才能从他那里学到特别的运动。

不久，罗斯福满心欢喜地从洛维特医生那儿知道游泳对他的身体有好处，他第一次在水中移动双腿时，简直兴奋得不得了，那种活动的方式在陆地上根本是不可能的。

“身体被水支撑着，双腿上不必施加任何力量便可以完全自由地活动。”医生解释道。

温森·艾特斯一家住在哈德逊，离罗斯福家只有短短一段的距离。他们常邀请罗斯福去他们的游泳池游泳，他便时常去那里。

“水把我带到这里，它也会把我送回去的。”他一边漂浮、一边高兴地对他的司机大叫。

不久，他发现阳光是另一个很好的肌肉及神经恢复剂，他开始计划佛罗里达的冬日假期。

至于他其他活动的安排，明细表开始变成像往日一样惊人的长度。他坐着轮椅在屋子里四处转来转去，爱乐·韩德小姐口述信件，他便和路易斯·何威商量事情，此外，他还跟别人讨论计划着伍德洛·威尔逊基金会的建立，以便促进威尔逊世界和平的理想的实现，因为那是前任总统牺牲健康而追求的理想。

参加童子军活动是罗斯福生病前最喜欢做的事情之一，他决定继续为他们工作，担任大纽约团队的主席。

他和爱伦娜一致认为到秋天时他就可以开始考虑回到他的律师事务所上班了。

“哦，不，罗斯福!”他的母亲喘着气说，“你必须再多休息休息，你太贪求无厌了，你会使自己操劳过度的。”

1924 年罗斯福（左）和戴维斯、欧雨·斯密士摄于海德公园

难怪莎拉夫人会气急败坏，因为罗斯福时常会因为来来往往的人群而使自己呈现出一片混乱。在路易斯·何威的协助之下，爱伦娜对政治的态度变得更为积极。她和何威都认为她的活动可以刺激罗斯福

恢复更多的事情，特别是政治事务，她开始继续做社会福利工作，并且在许多妇女俱乐部发表演讲。

自从 1920 年宪法第十九条修正案通过之后，美国各地的妇女都有了选举的权利，于是妇女俱乐部变得更为活跃了。爱伦娜又将另一个人纳入她的家庭：莫维挪·汤普森——她的私人秘书。这两个女人是在红十字会的工作中结识的。

罗斯福的孩子们很快就爱上汤普森小姐，他们为她重新取名为“汤米”，他们也喜欢爱乐·韩德小姐，但是，他们却始终无法喜欢路易斯·何威。他有讨厌的哮喘咳嗽以及难闻的香烟味，衣服也从来没有烫平过，为什么他就能够在这个家里拥有最优越的地位呢？

虽然他们的父亲可能会残废，但他们知道他仍然是这个家的家长。路易斯·何威是罗斯福最好的朋友，罗斯福的孩子们也必须接受这个事实。

罗斯福的残疾使他对家人表现得较为严厉，但也只是当他们惹得他不高兴时。1922 年秋天，艾略特反对被送到葛罗顿，他便因此了解到招惹父亲是不明智的。富兰克林·罗斯福对于儿子的反抗吃了一惊。他对葛罗顿有一种盲目的偏爱，他爱这个学校，詹姆士也爱，所以艾略特也必须学习去喜爱它。感情用事的哭闹和眼泪是没有用的，艾略特最终还是去了葛罗顿。

罗斯福的儿子艾略特

没有人比罗斯福更清楚，他的个性已经因为他的病情而有所改变了。他的意志力变得坚强无比，同时他的内心已变得愈来愈深沉，他的价值观也更为深奥。罹患小儿麻痹之前，他已经被渐渐培养出一种民主而博爱的态度，可说是已超过了他受的教育所可能培养出的程度，也十分清楚自己属于上流社会阶层，并且应该具有亲切对待贫穷与疾病的态度。现在，他突然变成了那些需要帮助的人之一，必须接受别人的帮助。他对世界上的“穷人”——那些没有食物的人、那些没有工作的人、那些没有健康的人以及那些没有腿走路的人逐渐产生了一种全新的观点。

罗斯福的父亲说过，有财富和有能力的人应该为别人的福利而奉献自己。因此，一旦他能再回到政坛——他一定能够返回的——“奉献”这个词对他就有了新的意义。

自从离开医院，罗斯福就一直以邮件的方式与全国各地的政治团体保持联系。他以民主与世界和平为题，写下了激励人心的文章，然后送到各处的晚宴及聚会场所。事实上，他让自己的名字活跃于政坛的做法是成功的。但民主党机构还散播了一些谣言，说他于1922年被要求出来竞选州长。

“不是这一年。”罗斯福听到谣言时宣布。

这一年他希望阿弗烈·史密斯出来竞选纽约州州长。在路易斯·何威、爱伦娜、爱乐·韩德小姐和汤米的帮助下，他尽了一切力量促成了这件事。他也得到了莫根德一家的帮忙。莫根德是罗斯福一家在哈德逊河谷地的邻居。许多年前，罗斯福竞选州参议员时就在他的红色麦克斯威尔车上认识他了。爱丽娜·莫根德（小亨利·莫根德太太）和爱伦娜是密友。

他对于阿弗烈·史密斯第二次的赞助真正驯服了坦慕尼那只老虎。当共和党横扫其他各州时，阿弗烈·史密斯却在纽约州获胜。11月，大选热闹而混乱的场面过去之后，罗斯福十分期望那只老虎能够真的被安抚住。

罗斯福必须整装待发，他必须运动、游泳以及灵巧地运用那些肌肉，使之恢复生机。他必须征服拐杖！他的家人认为他太过于劳累，但是他了解自己的体力。他在海德公园的庭院中通

过做双杠运动来恢复他的手臂和肩膀；他也常常拄着拐杖沿着碎石子路艰苦地步行，每次都努力地增加几步。拄着拐杖“行走”是一种平衡前后活动的动作，具体做法就是把拐杖在前面放好，然后他抬起装着大约四十磅重的钢撑木的腿迈向拐杖。

1922 年晚秋他已经决定回到他的事业中去。华尔街 52 号他自己的律师事务所的前面有阶梯，但是在百老汇 120 号的信托公司前面却没有，因此，就在他生病一年后，就又回到信托公司去上班了。

他可以用轮椅将自己快速地转进大厦，但是回去工作的头一天他却决定用“走”的方式。当大厦管理员打开车门后，他就把腿悬垂出来，然后伸直，再弹锁上撑木的膝部接合处，最后在司机的帮助下把自己拉到可以站立的位置然后接过拐杖。

一小群人聚集起来观看这痛苦的动作。罗斯福穿过人行道，沿着大理石走廊缓缓前进。每次他把拐杖放在面前，司机就伸出一只脚抵住以防他滑倒。

“那不是罗斯福先生吗？我不知道他已经残废成那个样子！”一位好奇的人说。

突然，一根拐杖失去控制而掉在滑溜溜的地板上，罗斯福仰天翻倒在地，发出一连串轻微的喘息。如果观众们期望看到眼泪、愤怒或是尴尬，他们就会失望了。他像个跌在雪堆中的快乐孩子般坐起来大声叫道：

“你们这些年轻人，哪一位来帮帮我吧，对我的司机来说，我实在是太重了。”一位年轻人真的走上前将他扶起来，那个年轻人是个颇具吸引力的家伙，有一头黑发，不很高但是很壮。他们进了同一个电梯，罗斯福的神色自然而和蔼。

“我叫罗斯福。”

“我知道，”年轻人说，“我认得出你。我叫欧克那，贝索·欧克那。我在这座大厦里有一间律师事务所。”

这是另一份终生友谊的开端。罗斯福从一星期到办公室两天，逐渐增加到三天、四天，于是他们彼此更是频繁地见面了。

几个月后他们便谈到合伙成立自己的企业——罗斯福及欧克那律师事务所。这个协议于 1925 年 1 月 1 日开始执行。

罗斯福和贝索·欧克那建立友谊的头两年里，一直不断地接受治疗和练习使用拐杖。1923 年初春，他尝试度过了一个到佛罗里达的假期，乘坐着一条租来的游艇——威欧那二号，在船上做钓鱼旅行。之后，他晒得黑黑的并生气蓬勃地回到纽约，向人吹嘘他钓到了很多鱼。即使克瑞宾有鲨鱼群的水域限制着他不能游泳，他还是相信温暖的阳光绝对会对他有所帮助。

“明年冬天我要买一条游艇再去那儿。”

罗斯福把夏天分在马萨诸塞州的马瑞安和海德公园两地度过。渐渐地，由于萎缩而软弱无力的腿部肌肉有点恢复了，但是他心里明白，如果没有撑木，他的腿绝对支持不了自己的体重。

因此，爱伦娜必须当他的“腿”，为他做政治旅行、演讲以及出席会议。

但是还不仅如此，民主党全国代表大会将于 1924 年 6 月在纽约麦迪逊广场公园举行，他打算去那里参加会议。

1924 年大会之前几个星期中，罗斯福的家里非常混乱，党的领袖们不断地来来去去，爱乐·韩德小姐的工作多得做不完。路易斯·何威简直心醉神迷了，有时候他看起来似乎比罗斯福本人还要高兴，因为罗斯福即将复出政坛了。他要用自己的两只脚站在广大的民众面前，推荐提名阿弗烈·史密斯。

何威热情地宣布，有一天那被置于提名名单之中的人将是罗斯福，何以见得呢？就在几个星期前，他进入罗斯福的卧室跟罗斯福谈话，当时罗斯福正在吃早饭，罗斯福高兴得双颊泛红，拉开被单露出一只脚，指着它大叫：“看呀！路易斯，我可以扭动脚趾了！”

罗斯福经年累月地努力增强那些软弱而缺乏生机的四肢的活动力，他背上的肌肉正在恢复，他决心让腿部的肌肉也康复。

罗斯福不但要去发表提名演讲，还愿意担任纽约州“拥护史密斯当总统运动委员会”的主席之职。在大会上，纲领宣言委员会将感受到他的意见的分量。这一年的争论很激烈，三K党是个主要的阵营，罗斯福希望纲领宣言中能有项条款来抨击三K党以及它所代表的歧视和偏见，另一个问题是关于国际联盟的，他当然希望能够采取积极的主张。此外，妇女团体坚持主张权利平等条款。

美国三K党的标志

再度处于政治的激烈中心使他兴奋极了。他的儿子詹姆士现在长得和父亲一般高，也即将从葛罗顿回到家了，他要陪父亲去参加大会，当父亲的助手。

像往常一样，共和党大会首先召开。这次共和党表现得坚强而团结无比，他们提名马萨诸塞州的克尔文·柯立芝。民主党也像他的对手们一样在大会上聚集了欢乐而喧闹的支持者，但是却比较不团结。事实上，他们在每一个主要的问题上都有分歧：国际联盟、三K党以及禁酒案。民主党设法采纳一条政纲赞成联盟，但是反对三K党的决议却还是被一票否决了。

资料链接

美国三K党

美国的三K党是于1866年由南北战争中被击败的南方邦联军队的退伍老兵组成。在其发展初期，三K党的目标是在美国南部恢复民主党的势力，并反对由联邦军队在南方强制实行的改善旧有黑人奴隶待遇的政策。这个组织经常通过暴力来达成目的。1871年，尤里西斯·格兰特总统签发了三K党和执行法案，强行取缔了这个政治组织。

第二个使用这个名称的组织是在1915年由威廉·西蒙斯在亚特兰大附近的石头山顶建立的。这是一个营利性组织，其宗旨在于赢取白种新教徒对于黑人、罗马天主教徒、犹太人、亚裔及其他移民的相对优势地位。这个组织宣扬种族主义，并且实施私刑和其他暴力行为，但是却在美国公开运作，并且在20世纪20年代的巅峰时期拥有四百万成员，其中包括在政府各级机关中的政治家。在经济大萧条时期，该组织的发展跌入了低谷，并且在第二次世界大战之中因为征兵或者志愿参军而损失了很多成员。

该组织的名字"KuKluxKlan"也曾经被其他许多组织所使用，其中包括20世纪60年代反对民权法案和鼓吹人种差别待遇的组织。在当今美国和其他国家，仍有数十个组织使用全部或者部分词语作为名称。

路易斯、罗斯福以及所有的主要党员都很清楚，他们面临太多问题；罗斯福像任何人一样知道他们对总统候选人的选择是事情的关键难题。

富兰克林·罗斯福丝毫没有丧失他旧日的政治才能，事实上，他在生病休息期间也有机会深思熟虑而使自己的政治才能有所增进。当观众们看到他坐着轮椅被推到台上，找到自己的位置，和其他发言人坐在一起时，那宽大、拥挤、燥热、不通风又紧张的大厅里所有人的情绪都更加高涨了。很多传言都指出他将在这一年复出，其中有很多的传播者都是他忠实的支持者。

罗斯福凝望着民众，想到口袋里的演讲稿以及倾注其中的努力和与许多帮手的磋商，对他及阿弗烈来说这都是重要的一刻。主席介绍完之后，他伸直腿，锁上撑木，靠着别人的帮助站起身来，接过拐杖，然后不靠别人的搀扶而自己"走"到发言席上。当他努力走过讲台时，全场是一片担忧和赞美的静默——他成功了！他走到桌子后面，用力抓住桌沿以使自己保持平衡。他把拐杖丢开，高高抬起下颏，对欢呼的民众露出微笑，然后开始演讲。剥花生的声音停止了，点燃的雪茄也熄灭了，咕咕哝哝的

谈话声也变成了一片静默，整个会场的人都全神贯注地聆听他的演讲。罗斯福告诉他们阿弗烈·史密斯做纽约州州长时的成就，他简化繁文缛节的能力、他的廉洁、他的“打击错误及做不对事情的力量”以及他使对手泄气的能力。他要凭借着诚意和正直的个性把他所说的话带给每位听众，他是政治战场上的“快乐勇士”……

当他说出“快乐勇士”这个词时，大会爆发出的喝采盖过了他的结尾。快乐的欢呼是为了阿弗烈·史密斯和富兰克林·罗斯福两人而发的。假如他们提名的是这一位未被提名的人就好了！假如他健康得足以参加竞选就好了！

罗斯福激动、满足而快乐地循着原路回到他的轮椅上，他离开讲台之后大会才平静下来。

会场中另有一位明星候选人也得到同样的喝采，他就是加州的威廉·吉伯斯·麦卡杜。要想从麦卡杜那儿攫获足够的票来提名“快乐勇士”将不是一件容易的事。

整个大会是艰苦而悲惨的，因为当代表们开始最后的投票时，显然又将出现停滞的局面。但是，甚至是那些很熟悉政策机构的人也无法猜测它会拖延多久，大会从未如此严重失常过。直到 7 月 1 日他们仍在开会，第十五次唱票时——麦卡杜 479 票，史密斯 305 又 1/2 票——没有一位能够驾驭大多数。最后的战役是在 7 月 8 日接近第一百次投票时，罗斯福再度在大会演讲，他告诉他们阿弗烈·史密斯将撤销提名，如果麦卡杜也这么做的话。起初麦卡杜拒绝了，但是几天以后他和史密斯都撤回了他们的名字，于是大会又提名另一位黑马——维吉尼亚州的约翰·戴维斯，于是，一个坚强的共和党年便开始于此。现在民主党已经失去了公众的尊敬，所以在大选中几乎等于是输了。

那次大会中，两位杰出的人物并没有失去公众对他们的尊敬。其中一位是阿弗烈·史密斯，他于 11 月又再度被选为纽约州州长；另一位是富兰克林·罗斯福——新的富兰克林·罗斯福。报纸上报道的都是他的消息，重要的政治专栏作家们甚至写私人的仰慕信给他。

世界晚报的报道说：

“不管史密斯州长是胜或败，富兰克林·罗斯福都突出得像是 1924 年民主党代表大会的真正英雄。生活中的不幸使他超越了争斗、宗教顽固、个人野心以及小派系的偏见，他因而成为唯一一个可以博得各地的所有党派代表的尊敬和赞美的先导者。”

温泉谷轶事

富兰克林·罗斯福在大会上遇见的民众中有一位富有的银行家乔治·福斯特·彼伯蒂先生，他也是地方上的领袖。这位彼伯蒂先生大部分的时间都在纽约市，那儿有他的事业，但是他在乔治亚州也有股份。大会结束后不久，富兰克林·罗斯福就收到一封彼伯蒂先生的来信，他告诉罗斯福他在麦瑞威勒郡的温泉谷有一块土地，位于乔治亚州的亚特兰大以南大约七十五里的位置，土地上有一座天然的温泉池，水温是华氏 88 度，他相信那个池水具有医疗的效力。温泉附近有一家古老的旅馆，他希望罗斯福去试试那个温泉，为了使罗斯福相信温泉水的确可能对他病情的恢复有所帮助，他还附了一位当地人路易斯·约瑟夫的信。路易斯曾因小儿麻痹而无法正常使用他的手臂和腿，但是利用那个池子，他已经能够不用撑木而拄着拐杖走路了。

那封信，足以刺激罗斯福的兴趣，他早已知道游泳以及在水中运动双腿对他身体的价值。事实上，他现在已经能够不用撑木在水中站立了。他去游泳的每一个地方都有水温太冷的问题，那使他无法在水中停留太久，现在如果他去试试这个天然的温泉，在那里，他可以泡在水里一个小时或者更久都不会打寒战。

他甚至没有等到选举日——1924 年 10 月 3 日，便和爱伦娜及爱乐·韩德小姐（他总是必须至少有一位秘书在）乘火车到达乔治亚州布拉契维的小村庄去了。这个地方不久前才因为麦瑞威勒旅馆而改名为温泉谷。他们透过火车窗户看到有一群人正在月台上等着欢迎他们，当罗斯福太太从尾部的车厢出来踏上月台时，其中一个人就向她走来，他说他叫汤姆·洛乐斯。罗斯福夫妇马上就知道他是乔治亚州哥伦布地方上《太阳探究报》勇敢的发行人兼编辑，由于他在报上大力抨击三 K 党，他编辑的报纸已被迫停刊。

五年多以前，由于洛乐斯开始对古老的矿泉产生兴趣，他希望利用出租矿泉来赚钱，但是由于他经营得不很好，便在罗斯福来此的两年前劝乔治·福斯特·彼伯蒂买下矿泉。

和洛乐斯一起的还有洛乐斯太太、出身于地方望族的乔治亚·威金斯小姐及米妮·布洛奇小姐，不用撑木而拄着拐杖的路易斯·约瑟夫以及其他人。罗斯福出现在客车升降口上时，他结实发达的肩膀因夹拐杖而伛偻着。他向民众报以迷人的微笑，让人把他从客车上扶下来，坐进他的轮椅中，然后转进乔治亚·威金斯的车上。

天气晴空万里，空气清新、温暖而充满松香味。罗斯福没想到乔治亚这个地方的地势是如此险峻而起伏不平。邀请他来的主人告诉他，这个山脊叫松山，属阿帕拉契山脉的南部顶峰。

车子开到麦瑞威勒旅馆前面时，罗斯福仰头开怀大笑。那是个巨大、古老的三层楼木质建筑，每一层楼都环绕着宽大的走廊，到处充满着维多利亚式的好看而不值钱的装饰。屋顶上有一个方形的顶篷，但根本没有任何理由该把它放在那里。

“这真是个古怪的好地方！”他快乐地说。

他和罗斯福太太并没有留在那个大旅社，而是立即前往一栋附近的别墅安顿下来，那栋别墅是哈特的。

罗斯福迫不及待地想去试试那个池子，它建在旅馆所坐落的陡峭小山的山脚下。他想立刻知道这里的温泉是否真的能够帮助他。

他从轮椅上下来，站在游泳池边，用强壮的手与臂将自己安然放进水中，从那一刻起，周围的温水浸身，他便感到一种轻松感。那水尝起来并不像他想象的那样——是盐或其他矿物质，但是那并不是真的可以说明它是否有疗效的试验。对他来说，那时最重要的事是，如果他想能在水中停留两个小时——当然他也那么做了，那是最好不过的了。他在水里游泳、运动，和其他游泳的人玩球，并且不用撑木便能站直。等他十分疲倦时，他就把自己拖出来，然后就在阳光下晒 1 个小时的太阳。

当他看到路易斯·约瑟夫在附近走动时，往日的急躁又抓住了他。路易斯在同一个池子里使腿得到了恢复，但是富兰克林·罗斯福却尚未见到自己有任何进步。

“至少要 3 个星期，罗斯福先生，”路易斯和其他人都劝告他，“在那之后你才能看到结果如何。”

但是全国的大选即将来临！

他和爱伦娜决定，他必须留在这里 3 个星期甚至更久，而她则将返回纽约去料理政治事务。

“每一个人都非常亲切，今天下午洛乐斯先生开车带我们到附近的乡下旅行，”罗斯福写信给他的母亲，“有许多桃子园，但也有许多因为缺乏人的照顾而荒废的园子。我们住的别墅很可爱也很舒服，别墅的主人哈特一家留给我们两位厨子：洛易和玛丽，有他们两人在，我们的生活将是最舒服的了！洛乐斯一家人就住在隔壁。”

这个游泳池中的水是从地下一个很深的裂缝中喷出来的。罗斯福每天早晨都泡在池子里，下午则跟爱乐·韩德小姐口述信件，整理他收藏的邮票做消遣，或是和洛乐斯一家人到乡下去旅行。

在温泉谷的头几天里，游泳池便是他生活的焦点，也许是由于他急于恢复的强大意志和决心，他比任何人预测的都还更快地获得进步。几天之后，他不但能够在水中不用撑木而站起来，

并且还能真的走上几步。

在一个美好的早晨，罗斯福向同伴们大叫："我感觉到了生命！自从病后我第一次感觉到我脚趾上的生命！"他的声音带着明显的颤抖。

这就是答案了！他必须再一次到这里来。下次他站在政治观众面前时就不会有拐杖了，也许甚至连撑木也没有了。

他下结论说他是自己最好的医生，因为真正的医生对他的病所知甚少，唯有他自己才最清楚自身的感觉如何。靠着一位地方上的医生的帮助，他画了一些人体肌肉的图解，用来学习每一块肌肉的正确功能，有些肌肉使膝盖弯曲，有些使它僵硬，有些是用来走路、站或坐。

他现在已经相信克里克印第安人的传说：这个温暖的矿泉有医疗的效用。在白人到来之前，他们总是带病人和受伤的战士到温泉去医治，他们对温泉有极大的信心，因此这个地方被所有的部族尊为圣地。在那个地方没有一个人会被敌人侵犯，而现在有多少"伤者"必须被带到这个地方治疗呢？

"等我回去，"罗斯福在另一封给母亲的信中说，"我将要和乔治·福斯特·彼伯蒂先生做一次长谈，因为他对这块土地有实际控制权。我认为这里可以被好好地建立成一个医治小儿麻痹及类似疾病的伟大'治疗地'。"

回到纽约市，除了彼伯蒂，罗斯福还告诉更多人他的发现和恢复的进度。他在1月开始处理他和贝索·欧克那合伙开的那间律师事务所的事务。4月1日他又回到温泉谷停留了六个星期，这一次，各方面都感受到了他强大的统率力的影响。

身为全国政治人物，又于初次到温泉谷之前才刚发表"快乐勇士"的演说，地方上的报纸很自然地就发现了他的来访。其中有家报纸发表了一篇关于他的夸大事实的文章叫做"游回健康"。这条新闻通过联合组织被其他报纸发表，并且在他及温泉谷上花费了许多笔墨。

他二度来访温泉谷，听到有两名麻痹症患者已坐火车来此且正潦倒地待在车站时，他便和汤姆·洛乐斯以及其他人商谈了将这个地方发展成疗养地的可能性。这两人显然是自愿而来并希望奇迹出现的。

“暂时把他们安置在村庄上的旅馆里，”他说，“在我们为他们安排在这儿地方以前。”

一栋不堪使用的别墅很快就被修缮好了，罗斯福立刻为它取名为“残骸”。

其他的病人也都由于公共宣传而陆续前来，最后来了十个人。罗斯福很高兴，但是对于经营旅馆，特别是度假旅馆，有些事情他必须要学习。那些残废的人出现于餐厅时，在麦瑞威勒旅馆度假的人们都冷冷地看着他们，当那些度假的人发现残废者也与自己在同一个游泳池里游泳时便提出反抗，他们不愿被“传染”小儿麻痹，要跟这些人解释不会有染上任何疾病的危险是有理说不清的。

起初罗斯福试着不去注意这个争论。他和路易斯·约瑟夫及那十个人一起进入游泳池，鼓励他们，给他们加油并教导他们游泳。他把路易斯按进水里，路易斯也到他后面把他给按进去，他们拿着一个大橡胶球扔来扔去。另外，还有一位来自宾州的高大而消瘦的男士福瑞德·包兹以及两位胖胖的女病人没有下水，罗斯福鼓励他们进入水中学习站立——罗斯福“医生”正在“解救众生”。

但是其他旅客的叫嚣声渐渐变得太大而不容忽视了。因为麦瑞威勒旅馆还需要他们的惠顾，富兰克林·罗斯福自费为病患们兴建了第二座游泳池，他把麦瑞威勒的一楼底层清理出来，整顿成为隔离的餐厅。

爱伦娜·罗斯福不久即在温泉谷与他会合，她带来了将近十九岁的安娜，还有路易斯·何威以及安娜的警犬“酋长”。警告安娜“酋长”会受当地树林中的扁虱之苦而不要带着它是没有用的，因为如果少了一只狗在身旁，罗斯福一家人就会感觉不完满的。

罗斯福家的男孩子们那时候都在学校，但是一有机会他们就会来看这座温泉谷。爱伦娜和路易斯·何威不久就加入了与罗斯福及其他人的长谈，讨论罗斯福对这个地方未来的筹划。

那年夏天，罗斯福回去看了马萨诸塞州马瑞安的麦唐纳医生。即使那儿的水对于那种治疗法来说是太冷了，麦唐纳医生仍以其他的方式来帮助他。他让罗斯福绕着一个方形的围篱一遍遍地走，要他扶着篱笆前进而不使用撑木。麦唐纳医生还教了他一些对他个人安全很重要的东西，例如如何用双手在地板上移动而使自己快速离开房间——假如他独自在家而房子着火的话，那种方法就能够让他救出自己。

1925 年夏末，他已经真的能够走上几步了，并且只有左脚还需要戴着撑木来使用拐杖，他的右脚已逐渐康复。

他的冬天是在纽约市过的，其间他和贝索·欧克在那一起工作以发展他们新的律师事务所；和政治领袖们保持联系；援助伍德洛·威尔逊基金会；和汤姆·洛乐斯及乔治·福斯特·彼伯蒂磋商开发温泉谷的事宜。他是个活动很多的人，但所有活动中目前只有两项对他最为重要：那就是通过世界组织从事世界和平运动以及了解并征服小儿麻痹的运动。

在温泉谷的经营正不断地赔本，他们不能再用那种方式继续下去了。汤姆·洛乐斯不是个非常有效率的经理人，罗斯福知道洛乐斯的健康有了严重的问题，他也明白彼伯蒂不会有足够的想象力来实现他对于这个地方的宏伟构想。因此，只有一个办法可能解决这些问题——从彼伯蒂手上买下这个地方自己来经营，当他的家人知道他心中的想法时大为吃惊。

“罗斯福！那会花费你大部分的积蓄。将你的积蓄孤注一掷是不明智的！”爱伦娜警告他。

罗斯福听了却也只是笑笑。

2 月，他买下了在佛罗里达的游艇——“拉如哥”号，“拉如哥”号是他向往已久的东西，他要乘着它在海岸边上钓鱼巡游。旅途中他得到汤姆·洛乐斯逝世的消息，便立刻给洛乐斯

"拉如哥"号游艇

太太写了一封安慰信。

当他停泊在西钥时，查理士·彼伯蒂——乔治·彼伯蒂的兄弟——上船来做客，威廉·哈特——温泉谷哈特别墅的主人也来了。罗斯福带他们做了一次钓鱼旅行，航程中他给他们留下了一个他可能会买下古老的麦瑞威勒及它所属的一切的印象。回到岸上后，他带他们到西钥海军造船厂，将他们介绍给所有他在战争中认识的海军官员，并带大伙儿到外面去吃饭。事实上，他在那次与他们一起的旅行中请了 4 天的客。他们离开时都因感染了罗斯福的那份热情而显得容光焕发。一星期后，罗斯福写信给母亲说——

> 看来好像我必须买下温泉谷了。如果我买了，希望你会对它有兴趣，因为我觉得你的许多建议都会对我有所帮助，这个地方的经营状况必须加以改善，不但要做许多好事，还要得到财务上的成功。

温泉谷将成为复健中心，他要尽一切力量使之成功。

"我来之前不要签署任何文件，我搭下午的火车到。"他的律师合伙人拍来的电报上写着。

贝索·欧克那到达后，与罗斯福一起在那片土地上漫步，研究罗斯福所绘的草图，并且讨论了很长的时间。贝索·欧克那仍然怀疑这项投资是否值得，但是他们依然决定成立一个非营利性的公司——乔治亚温泉谷基金会，贝索·欧克那答应一回到纽约就起草报告。

富兰克林·罗斯福已经买下了麦瑞威勒及大约 1200 亩的土地，那片土地上有克里克印第安人的治疗圣所。没多久，新的基金会又从他那儿买下了那块土地，他收到一张基金会的期票，票款大约 20 万元，他已经担保以分期付款方式来偿付那块土地。但是基金会不必偿还他所付的钱，直到他去世。然后，他领到一张金额相同的人寿保险单，受保人是他自己，而基金会是他的受益人。如果他真的死了，保险金便可以清偿债务。罗斯福是个头脑清楚而机灵的计划者，他的妻子、母亲和欧克那应该都记得那件事。

至于对那个地方的经营，他也不太有把握能妥善进行。他不是医生，他一听说全美整形外科学会将于乔治亚州的亚特兰大召开年会，便前往游说请他们派专家去调查他那块土地并且提出相关建议。他们指派了一个由三位专家组成的委员会，接着，他聘请了治疗小儿麻痹病例已近 10 年的纽约州外科医生乐若·哈伯特、治疗学家海伦娜·莫何妮小姐，几位受过训练的护士以及一位游泳老师。他们要去观察罗斯福"医生"的病人，与他们在一起工作，然后向医学界报告他们的发现。

罗斯福希望能够立刻拆毁那些差劲的建筑，那些都是干火绒的木质易燃建筑物，总有一天它们会被安全、美观而现代化的建筑所取代。

他一想到这个地方是属于自己的，就无法控制自己的热情和想象。那里必须有为拄拐杖的人而铺的平滑道路以及为轮椅而建的坡路。如果他不能立刻改进，至少那些肮脏的建筑可以重新刷刷漆。他拟定了许多计划和草图，开玩笑地称自己是个业余工程师及景观艺术家，他邀请了所有他认识的有钱人到那儿一游。

温泉谷现在已经成为病人的游泳池、餐厅、住宿区——度假人士为他们自己找到了另一个休憩场所。但是，它仍然具备所有度假旅馆的迷人特色，一点也没有医院的无聊、阴森。

1926 年 5 月底，这个地方已经“开放”并且受爱格伯特·柯帝斯的管理。

罗斯福返回纽约，和这个新兴的非营利公司的创办人及第一任干事等做了一些商谈。这些干事和发起人包括富兰克林·罗斯福董事长、贝索·欧克那秘书兼会计、乔治·福斯特·彼伯蒂、路易斯·何威以及其他人。

会谈完毕后，他便摇着轮椅前去参加他女儿和柯帝斯·杜尔的结婚典礼。安娜·爱伦娜是他最大的孩子，也是唯一的女

安娜·爱伦娜和罗斯福

儿，她现在已经长大得足以当他的朋友，因此这真是个令人伤感的分离。回忆起来，他们有过激烈的争执，那是在他得病初期，正值她青春期敏感易怒的阶段。他的急躁和粗暴曾多次使她落泪，但是那一切都过去了，现在他必须露出愉快的笑容，必须谨慎地使她的婚礼成为她日后永远铭记心头的记忆。那么，他必须小心，不要抢走新娘和新郎的光采，像泰迪堂哥以前那样抢走他和爱伦娜的风头。

那年夏天另一件家庭大事是他的长子詹姆士从葛罗顿毕业了，成为另一位高大而英俊的“罗斯福”，这些高大的男人是他的“孩子们”吗？

他和爱伦娜于 1926 年 8 月回到马萨诸塞州的马瑞安接受麦唐纳医生的另一项治疗课程，9 月底，他带着对温泉谷的经营持怀疑而不赞成态度的母亲一起回到温泉谷住了六个星期。他开始建造自己的别墅，他希望母亲能够提出她对于别墅以及其他正在做的每一件事的意见。

1927 年初他又到温泉谷，这一次停留得最久，从 2 月 11 日到 5 月 12 日，这回是住在他自己的别墅。另外，他还买了 1200 亩地，以吸引人的设备重新装潢旅馆，并继续着他自己的治疗。此外，他更有惊人的发现，他在玩双杠时，可以将双手举在半空中而不靠撑木地站上几分钟了。

他要尽可能地跟人分享这个令人激动的喜悦，乔治亚温泉谷基金会必须成长、扩大，它的设备必须被改善，而他将看到那些事情的完成。

任何人来找罗斯福帮忙、寻求忠告，或是为了任何理由而讨好他的，都必须花些时间来听他讲述温泉谷的故事。

进军白宫

对于给予我的信任，我将以顺应时代的勇气和忠诚作为回报。我决不辜负众望。

——罗斯福

纽约州州长

许多人为了各种理由来看富兰克林·罗斯福，但是大多数人是为了他的政治睿智和才能而来，他建立基金会是为了再次创造民主党的和谐。自从 1924 年那次凄惨而使其威严扫地的大会之后，在党内和党外都有许多事情要做。他写信给全国各地的民主党领袖，对于党应该勇敢战斗的事提出他自己的看法：它应该是伟大的自由党，是自由和宽容的拥护者；它不应该走向极左或是极右，而应该向前走；它也许需要一位新的汤姆斯·杰弗逊来领导。“有一个共同的主张——进步的民主——是我们可以一致同意的。”他告诉他们。

罗斯福尤其希望看到阿弗烈·史密斯再度被提名，于是便努力使之达成，为此，他甚至变成史密斯的大会议场管理员。

罗斯福带着快 18 岁的艾略特去参加 1928 年在得克萨斯州休斯顿召开的民主党大会，让儿子充当他的助手和同伴。四年前他拄着拐杖出现于民主党大会，从那时起，他背部和腹部肌肉均已康复了许多，并且使用撑木也很平衡，他已经能够用一只手倚着儿子的胳膊走动了。

他将再次对另一群情绪激动而喧嚣的听众发表提名演说，这次演说和以往有一点重大的不同——无线电广播网。四年前的大会是十四家独立的广播电台对外广播的，而这次大会将由两个大广播网——全国广播公司（NBC）及加拿大广播公司（CBC）共同广播，全国各地都可以听得见。富兰克林·罗斯福敏锐地意识到面对这种新的媒体，需要一种新的演说技术。他为那些看不见的观众们撰写演讲稿，等到广播了他的演讲之后，广大的听众们便证实了他确是个金嗓子演说家。良好的家庭教育背景和在葛罗顿及哈佛的求学过程给了他优美的发音，而他有力而深沉的声音也是天生就是适合广播的。

这一次没有僵滞的局面，阿弗烈·史密斯很快就被提名了。1928 年 7 月 30 日罗斯福已经回到温泉谷，他打算好好休息一下并准备为阿弗烈做竞选活动。

现在他在温泉谷已有整个属于自己的天地，他像个快乐的国王似的统辖着它。病人们嚷着要他一起玩游戏，邻居们热切地打电话来求证他们所听到的他可能竞选纽约州州长传言，住在别墅里的爱乐·韩德小姐把他的信件一一拆开，再分类整理好。哈伯德医生想检查一下自得克萨斯州大会后他的身体情况，莫何妮小姐正在游泳池等他重新开始他的治疗。地方报纸的新闻记者们也提出一两个问题——

“谈谈您将出来竞选纽约州州长的谣传好吗，罗斯福先生?”

“那是无稽之谈！在我可以考虑竞选任何职务之前，至少还要花上好多年的时间来治我的病呢。”

罗斯福告诉每一个人，他现在对旅馆中新安装的中央暖气系统及正在兴建中的室内游泳池更有兴趣了。他杰出的朋友艾德梭·福特一家人远到温泉谷来旅游时，为室内游泳池捐赠了一笔款项以期病人可以得到终年治疗。

罗斯福有另一个还不想出来竞选的原因：他和路易斯·何威及爱伦娜都认为今年不是民主党年。国家在共和党政府的统治之下更加繁荣了，社会上有许多工作机会，人民也有许多钱可花，人们不会想冒险去改变现状。阿弗烈·史密斯想在 11 月打败共和党候选人赫伯·胡佛先生，那将是非常不容易的。

罗斯福太太现在几乎像她先生一样是个政治家了，她正在担任赞助史密斯先生全国竞选活动的妇女活动局的领袖。罗斯福相信她比他更有能力同时在许多地方做许多事。她在许多妇女组织里都很活跃，她为有价值的事情而工作着，从不耽误她的公开演讲，也一直照顾着她的 4 个儿子——最小的约翰刚进入葛罗顿，管理她分在四处的家——海德公园、纽约市、坎伯贝乐以及温泉谷。此外，她还在贵族的塔杭特学校教女孩子们历史和文学。

罗斯福和爱伦娜商量决定，他于 9 月回到温泉谷，而她去出席罗契斯特召开的民主党州大会。

代表们刚刚为开会而到达罗契斯特时，温泉谷的电话就响了。民主党希望富兰克林·罗斯福出来竞选州长，他们相信他会比其他任何一个人得到更多的选票。他一再地说不，他必须继续他的治疗，最后他干脆停止回答而叫爱乐·韩德小姐来接电话。他的右腿真的正在进步，他想去掉那根撑木了。

但是民主党的工作者从各方面对他施加压力，甚至他女儿也拍了一封电报来怂恿他参加竞选，他威胁要打她的屁股，虽然她已经是个结过婚的女人了。然后他到乔治亚州的曼彻斯特发表演讲，他站在拥挤的大讲堂的讲台上，等候被介绍，一张纸条被送来给他，说罗斯福太太打电话来，电话已转了过来。

结束了演讲之后他才去接电话。他听到爱伦娜的声音在另一端，但她却只是把电话交给阿弗烈·史密斯，通话质量不好，他就把电话转回温泉谷，告诉阿弗烈等他回家后再打电话。

“罗斯福!”史密斯祈求道，“如果你竞选州长，我将会视它为一项对我个人的帮助。”

他们一定都在那里，挤在电话周围来祈求他。因为赫伯·乐门在电话里说：“罗斯福，如果你竞选州长，我就竞选副州长来减轻你的工作。”

爱乐·韩德小姐可能已看到罗斯福的表情有了让步之意，因为他坐下来开始哭泣。

史密斯又打电话来。

“罗斯福，”他问道，“如果我们继续要求提名你，你会拒绝竞选吗?”

“我不知道，”罗斯福在电话中哽住了，“我不知道。”

他把电话交给爱乐·韩德，但是他不敢注视她。因为他知道这天结束以后他就将成为纽约州州长的民主党候选人，而将有能干的乐门先生和他一起工作却是令他欣慰的。

当大会在罗契斯特愉快地举行时，温泉谷却充满着忧郁。富兰克林·罗斯福将不只牺牲他的健康，也将牺牲原本将承载他整个未来的温泉谷计划了。

瑞斯寇先生是阿弗烈·史密斯的竞选经理人。“我从不知道任何人为了帮助你的党而比你做过更多的牺牲!”约翰·J·瑞斯寇——奇异汽车公司的总经理在信上这样说。

罗斯福的忧郁持续了一阵子，但是不久他的声音便回荡在整个游泳池：“哦，如果我要出来竞选州长，厌恶它对我们大家都没有用的!”

1928 年 10 月初他返回纽约，和总部人员一起在纽约市毕特摩旅馆开始他的竞选活动。有些他请来一起工作的人是终其一生都对他忠诚不变的，因为爱乐·韩德小姐生病留在温泉谷，葛丽丝·杜魔小姐当秘书。另一位是撒姆尔·I·罗生门律师，他为罗斯福的演说贡献良策。小亨利·莫根德、罗生门及路易斯·何威等人组成了阵容强大的竞选队伍。

对手开始散播谣言，说富兰克林·罗斯福因为跛得太厉害而无法参加公职竞选，但是他们的谣言很快就不攻自破了。罗斯福以其惯有的周密态度到全国各地进行竞选活动。对于这场“赛跑”，他大笑着宣布他将“徒步”参加。爱伦娜则尽全力支持阿弗烈·史密斯的竞选总统活动。

1928 年 11 月的大选对民主党来说是个纯粹的悲剧，除了纽约外几乎每个地方都是如此。以赫伯·胡佛为首的共和党提名候选人获得压倒性的胜利，得到 48 州中 40 州的票。甚至

一些曾经热衷于民主党的南方的州都把票投向共和党。那些州有些是因为反对天主教的偏见，有些则是因为共和党发展的趋势。

纽约的选举结果是保密的，保密得直到第二天早上罗斯福都对他的当选不敢确定。罗斯福疲倦而高兴地算计了一下他卷土重来的时光——7年！他只有46岁，仍在壮年期。他的前面还有很长的日子，他需要很多精力和信心去度过这些时光。

他下一步的计划是到温泉谷再做一次休憩，然后为了庆祝圣诞假期的家庭团聚而回到海德公园。他们一家人在起居室里围绕着巨大的圣诞树，每一个人都围着摆满雕花玻璃餐器和银器的大餐桌，有5个年轻的成人——他们曾是5个小孩子；罗斯福那头发花白的母亲，脸上洋溢着骄傲的神采，她已经从他的政治生涯中退休了；他全心奉献的妻子，每一个人都笑着、谈着，抢着报告消息给大家听。

但是1929年的元旦将以新的方式庆祝，那天是他出任纽约州州长的就职日。一本1686年于荷兰印制的古老家庭用《圣经》被从海德公园带到了爱伯尼，他是将手放在那本《圣经》上面宣誓就职的。

罗斯福以自己一贯的作风全心全意地投入这份工作，显然忘了他曾有意让乐门先生来首当其冲。他在州里所任命的高层人员都知道，他希望他们也能像他一样尽心尽力。

甚至是他的对手也必须承认他的知人善任，他总能选择能干的人来担任困难的工作。在劳工部的法兰西斯·柏金斯小姐一直做着杰出的社会工作，他任命她为工业局局长；小亨利·莫根德成为农业顾问委员会的主席；撒姆尔·I·罗生门则是州长顾问。

富兰克林·罗斯福做纽约州的州长有4年之久。在这两届任期中，他经常到各地视察并亲自调查许多问题。他曾在康乃尔大学与农业专家磋商，和地方政府的人员闲谈，调查劳工和商业问题。

他的助手换了葛恩西·克罗斯，不再让儿子艾略特留在自己的身边。他不能期望他的儿子老是跟自己在一起，因为他们必须完成他们的学业并且过他们自己的生活，这样才会使他们觉得有自由可言。

康乃尔大学

身为州长，罗斯福并不认为纽约州与国内其他州是分离开来的，纽约州的农民和西部或南部的农民有着同样的问题，工厂工人及各行各业的人也都一样。他时常与全国各地保持联系，现在他觉得这么做更重要了。

要列出罗斯福做州长时与他通信往来的国内外所有知名人士是不可能的，一些比较突出的人是田纳西的国会议员科德·赫尔、维吉尼亚的理查和亨利·拜德、威尔·罗杰斯、哈佛教授菲力克斯·法兰克费特、在东京的诺慕拉海军中将以及加拿大首相威廉·赖恩·莫肯西·金。

他们都慷慨地与他分享他们的知识和经验，因为他本身是如此和蔼而善于交往。

下面是他从爱伯尼写给一位旧金山的朋友的信——

我的家正在经历一场考验，詹姆士的肺炎正在痊愈之中、艾略特将要开刀、小罗斯福的鼻骨断了两次、约翰的膝盖上刚被拿掉一块软骨、安娜和她先生柯帝斯·杜尔在欧洲度假，他们的孩子跟我们一起住在州长官邸。爱伦娜仍在纽约教书，一星期去两天半，而我正和共和党立法机构的领导者进行着一项无间断的辉煌战斗，这真是一段刺激的生活！

罗斯福从通讯往来者那儿知道1929年的日子真的不好过。全美国出现经济危机。整个新英格兰经济萧条；南方的棉花种植者有他们自己的地方性不景气；偏远的西部有其他危险信号出现；由于禁酒法，在大都市有许多私自造酒和歹徒犯罪案件。柏金斯小姐不断给他送来纽约州增加的失业情况报告，这是他最关心的问题。

股票于1929年10月大跌，一般民众开始了解他们所享受到的繁荣只是通货膨胀的结果。罗斯福于1930年再度出来竞选时，经济萧条已经蔓延了，全国各地的失业和各种不良的社会现象发展得愈来愈严重。

州长选举日之前几个月，面对纽约州的失业问题，罗斯福州长已经断然采取了一些有效措施。他与共和党所统治的立法机构的“辉煌战斗”之一便是要他们通过失业保险，但是他知道那是需要一段时间的。这个观念很新颖，事实上，他是第一位为此而奋斗的州长。他成功地说服他们通过了一条法案：设立临时紧急援救管理局，一般人只知道第一个这类机构是TERA。R·H·马西公司的总经理杰西·施特劳斯组织着这个机构，而优秀的年轻社会工作者亨利·霍普金斯则被任命为它的主管。

就这样，亨利·霍普金斯走进了富兰克林·罗斯福的政治生活，他像路易斯·何威一样，在罗斯福的有生之年他都忠诚不变。霍普金斯曾参与了1928年的竞选，但是直到他到TERA任职时才和罗斯福真正熟识。

霍普金斯出生于爱德华州，大约比罗斯福小8岁，差不多从他大学毕业后就被拉入各种社会福利工作。1930年，他被任命为TERA的主要官员时，亨利·霍普金斯对贫穷以及失业等社会问题都已非常熟悉。他清楚地知道什么地方最需要帮助以及该如何经管它。 事实上，其他州也很快就开始模仿 TERA 去照顾他们的失业人口。

竞选总统

1930 年，富兰克林·罗斯福获得绝大多数人的支持而再度被选为州长，这部分是因为他的优秀政绩，部分则是因为政治潮流转变的事实。 自然，当权的党派因经济恐慌而被指责，即使它发生的原因可追溯到历史，即使同样的经济恐慌也正在世界上其他国家发生。

第二年夏天，罗斯福出席了一个在印第安那召开的各州州长会议，无疑地，他是党内最受欢迎的 1932 年总统候选人。 他已赢得了纽约州选民的信任，因为他表现出了自己对他们有信心。

没有其他的州长会如此自由而经常地在收音机里跟他们谈论民众自己的问题。 像威尔逊曾经命令把围障拆除让民众进来一样，罗斯福也下令废除陈腐的传统而让人民了解正在进行的事情。 他告诉他们他的监狱改革法案，希望监狱中拥挤的情况和差劲的伙食得到改善，这个法案州议会通过了。 他还告诉民众们他对于养老金、较好的工作条件以及兴建新的医院等等的想法。

罗斯福提出问题的勇气有时使党的领袖们深感困扰，禁酒法是个最好的例子。 那真是个棘手的题目，两党的意见有分歧而都不敢提出坚决主张。 罗斯福反对禁酒法，因为他反对因造私酒给歹徒们带来暴利和权势，他出来就是为了这条法律的废除。

但是到了竞选总统提名时，民主党内兴起一个尴尬的场面——阿弗烈·史密斯想再度出来竞选。

罗斯福和史密斯这两位党内顶尖人物的友谊在罗斯福任州

长的几年里慢慢被冲淡了，因为罗斯福很少向这位前任州长请教，并且在广播上夺走了史密斯的光彩。 不久，史密斯和罗斯福开始在国内各州的预选会上争斗，两人都想要争取代表参加民主党全国代表大会的机会。 大会于 1932 年 6 月 27 日在芝加哥召开时，他们已经是旗鼓相当的对手了。

共和党大会平和而安静地于两星期前召开，他们再度提名众望所归的赫伯·胡佛为总统候选人，这并没有造成什么轰动。

罗斯福的家人和民主党的工作人员、秘书及朋友们聚集在爱伯尼州长官官邸的起居室。 约翰和艾略特在家，爱乐·韩德小姐、汤米、葛丽丝·杜丽和罗生门夫妇也都在。 富兰克林·罗斯福坐着，一架收音机放在他旁边，一架直拨芝加哥电话放在他的另一边。 路易斯·何威和吉米·法利在大会现场，詹姆士、小罗斯福和安娜也在那里。

经过一段漫长而紧张地等待，大会才进入动议阶段，选举常任主席，最后要求提名演说。 紧张的气氛被收音机的尖嘎声和静电干扰提升了不少，那个年代中即使最好的收音机也会有这些干扰。

两位主要候选人及九位获得自己州议员提名的候选人的提名和附议演说持续了一整天，直到晚上才结束。 第一次投票的唱票开始之时正是纽约的拂晓，在芝加哥大约是早上四点半。 结果，罗斯福得到 666 又 1/4 票，史密斯 201 又 3/4 票。 罗斯福得了显然的多数票，但是他还是必须得到 2/3 的票才行。 他用路易斯·何威送给他的长烟斗一支接一支地吸着香烟。 现在法利和何威的工作就是劝代表们将他们的票转投给罗斯福。

第三次唱票时罗斯福的得票逐渐达到 683 票而史密斯则落到 190 又 1/4 票。 但是还不够！得克萨斯州代表仍然投给了约翰·南斯·卡那，而德州是个大票。 如果法利能够转变德州的选择，罗斯福热切地想着……

那时参加大会的代表都已经疯狂了，因为没有人愿意让步，也没有人愿意看到再一次僵滞的局面，那将会贬低他们在选民眼里的身价。当得克萨斯州代表在芝加哥举行秘密协调会议时，爱伦娜·罗斯福走进她在爱伯尼的厨房，为每一个人准备了热咖啡、熏肉和煎蛋。得州代表回来后，他们的发言人向大会宣布：得克萨斯州支持罗斯福。

疯狂的欢呼和骚动使得在爱伯尼的收音机振动不已，疲倦的聆听者们都忘记了他们的疲乏而坐了起来。罗斯福的脸上也有了笑容，他强壮的手指紧紧地抓住了椅子的轮子。

这时，加州的威廉·麦卡杜要求向大会发表演说。那是什么意思呢？麦卡杜不是史密斯的人，他自己和史密斯之间的僵滞迫使他放弃了想做总统的野心。

“加利福亚州来此提名一位美国总统，”麦卡杜开始说话，他的声音回荡在宽阔的会议大厅里，“它不是来使大会僵滞或开展一个像 1924 年那次的破坏性竞争的，加州的 44 票将投给富兰克林·德兰诺·罗斯福。”

此时，观众们的兴奋使得会议大厅快要爆炸了！他们简直疯狂了！这真是个突破！

罗斯福兴奋地迅速转动着他的轮椅在屋里四处打转，同时还高喊着“麦卡杜太够意思了！麦卡杜太够意思了！”

他的儿子们也欢呼雀跃地把碎纸片丢到空中。爱乐·韩德小姐兴奋地跑去亲吻爱伦娜·罗斯福。街上汽车中的人们开始按喇叭。朋友们、邻居们和新闻记者们都蜂拥进来，闪光灯此起彼伏。

“你仔细检查过我的接受提名演讲稿吗?”罗斯福问撒姆尔·I·罗生门。

“是的，罗斯福先生。”

罗斯福准备好了，他将以打破传统的方式来开始他的竞选活动。他要趁大会还在会期中就搭飞机前往会场以取代花费数个星期来等待一顿接受提名的正式晚餐。

为了完成这趟相当颠簸的飞行，爱伦娜和约翰将与罗斯福一起搭机。约翰有点晕机，但是罗斯福只顾着完成他演讲稿的最

1932 年罗斯福在芝加哥开会演说时的神情

后一笔而没有注意到他。詹姆士、小罗斯福、安娜，还有狂喜的路易斯·何威在机场等他们。前往大会的途中，罗斯福和何威小声地争论着一些关于他演讲词的问题，同时还透过车窗向街道上欢呼的民众微笑、点头。

“路易斯，”罗斯福最后咆哮道，“我才是被提名的人!”路易斯从那以后就丢下那篇演讲稿不管了。

会议大厅中和往常一样充满了混乱、污浊的空气和雪茄的烟雾。精疲力竭的代表们的领带松了，四肢软了，眼睛由于缺乏睡眠而血丝斑斑，他们都坚持等候他的到来。当突然看到罗斯福站在前面的讲台上，撑木已丢掉，手上拿着一支手杖，左手臂靠在詹姆士的右肩上时，代表们都好像触了电似的。当罗斯福紧紧抓着演讲台的边缘并且开始用他悦耳的声音说话时，他的心绪激荡得都快要爆炸了。

“我感激你们经过了艰辛的 6 天后还自动自发地留在这里。因为我很清楚你们都曾和我一样有那段不眠不休的时刻……被提名的总统候选人在全国大会之前出现是前所未有的，但是这却也是个前所未有的时代……”

罗斯福放眼看了看面前这一张张脸孔，看到他们眼中升起的希望像涨满的潮水。

“请接受我的保证，在这次竞选活动中我对于任何重要问题所持的观点将不会留下任何疑点或暧昧之处。”

当时社会中最大的问题是可怕的经济萧条和 1300 万的失业

人口，还有饥饿而绝望的人们对当下的制度丧失信心而变得激进。罗斯福仔细地勾勒出他对症下药的政策。

“我国半数的人口——超过5000万人——都以农业为生，如果那5000万人没有钱，没有现金去买这个城市中的制造品，这个城市也会遭受到相同或更大程度的痛苦。”

他想使所有无法以抵押房屋来满足生活费用的小家庭都免于失去他们的家；他希望降低关税以便有更多开展国际贸易的机会，另外，他认为必须将被遗弃或被侵蚀的土地重新进行植树造林，或建造必需的道路和一些公园来增加就业机会。

“我向你们发誓，也向我自己发誓，我要为美国人民建立一项新的政策。”

这是他的使命，这是他的职责，他答应优先为那些深陷于绝望与恐惧之中的人们带来希望和勇气。

身为一个被赋予伟大使命的人，罗斯福从在大会上的喜极而泣转到总统竞选活动中的慷慨陈词。他坐着竞选火车到各地开展活动，和他在一起的是詹姆士、詹姆士年轻可爱的妻子——贝西·古新和罗斯福的女儿安娜以及一群新闻通讯员。

在家里，爱伦娜·罗斯福和玛丽·W·德森小姐领导着民主党的妇女运动，新闻通讯员马文·H·麦因特是竞选活动的业务经理，吉米·法利是民主党全国委员会主席。

不管罗斯福走到哪里，他都可以看到希望重现于那些仰头倾听他大胆想法的脸庞上，这就像是坐着“五月花号”在广阔的大西洋中航行，没有人知道前面会有什么。暴风雨是必定会有的，但那是具有挑战性的、令人振奋的、充满了变化的。

随着持续了几个星期的舆论调查被统计出结果，罗斯福和他的同僚们看到了正在渐渐涌起的胜利大潮。

罗斯福时常为朋友们的担忧而偷偷窃笑，他们不愿他进行如此漫长而艰苦的乡区巡回演说，大家都怕他会倒下来！他知道党内的人都很苦恼，因为他把政治的舵掌在自己手上而且从事着他自己的竞选活动，但是他们也开始承认他是位精明不减当年的政

治家。

1932 年的竞选问题很明显：保守党人和传统主义者支持胡佛；自由主义者和冒险家支持罗斯福。罗斯福知道，在像新英格兰那样古老的保守地区，有许多人不管他们自己有多喜欢他，也不能够投他的票。他的老校长安迪考特·彼伯蒂在选举日前写信给他的一位朋友："我个人希望把票投给胡佛，因为据我判断他是个颇有能力的人，而且会把我认为有可能减轻国内经济紧张的办法付诸政策行动。当我为选政府官员投票时，是不考虑私人关系的，这么做又是不近情理的……"

富兰克林·罗斯福在麦迪逊广场公园向欢呼的观众发表演说后，就结束了在他家乡纽约州的竞选活动，然后在波福克西发表综合广播演说。

选举日那天，罗斯福一家人到海德公园的投票所投票。那天晚上他们在纽约市东六十五街的房子里为亲密的朋友举行了一个私人宴会，饭后他们全体开车到毕特摩旅馆听取投票结果统计。

结果证实罗斯福获得了压倒性的胜利，他得到了大多数的投票——共计 42 州的投票。

这次他和他的那帮朋友及家人都面色凝重，因为他们知道大家责任很沉重。曾经在宴会中加入他们来保护这位新总统候选人的两位美国情报机构人员将常常跟他们在一起了，因为现在他们的罗斯福，已经属于美国人民了，他必须随时受到小心的保护。

罗斯福先生为了配合摄影师们的工作而来到大舞厅，他在麦克风中说道："我想说的只有一句话，在美国有两个超过其他任何人而对这次伟大的胜利居功至伟的人：一位是我的老友兼助手路易斯·麦亨利·何威上校；另一位则是优秀的美国人吉米·法利。"

一有时间离开总部，罗斯福和一家人便回家去了。

那天晚上最后和罗斯福在一起的人是他的儿子詹姆士。他帮助父亲准备上床，因为罗斯福先生没人帮忙时是无法穿脱衣服的。詹姆士一言不发地观察着父亲对于麻痹已经克服了几成，他发现父亲下半身的肌肉、背部及腹部都完全康复了，大腿部分也恢复了不少。当他走路或站着演讲时，只有肢体下半部及膝盖必须锁上撑木来支撑了。

罗斯福躺下来靠在枕头上，詹姆士看到他脸上露出由衷的谦逊。

“你知道，詹姆士，”他说，“我一生中只怕一件事——着火。今晚我想我又开始害怕一些其他的事了。”

“怕什么呢，爸爸？”

“我只怕我没有力量来做这份工作。今晚你离开我之后，詹姆士，”他继续说，“我将祈祷，我要祈祷上帝帮助我，赐我力量，指示我做这份工作，并且做得正确。我希望你也为我祈祷，詹姆士。”

詹姆士什么也说不出来就退出去了。富兰克林·罗斯福闭上眼睛，他需要上帝，现在比以前更需要。因为他必须独自——完全独立地面对他的新差事。

罗斯福现在不属于他自己了，他必须比以前更注重自己的健康，因此，在选举日和就职日之间（在那个时代就职要到3月才举行），他可以到温泉谷度两次假。他第一次是为了过感恩节而去那里，他在一张大餐桌上愉快地做主人，为病患及客人们切开一只大火鸡。爱伦娜坐在他旁边，笑着看他在所有的赞美声、特别是女士们的赞美声中有多么高兴。

罗斯福总是能够使房间充满欢笑。既然他是美国总统了，洋溢在温泉谷的兴奋之情更是不可同日而语了。在他的感恩节之游及1月底之游期间，全国各阶层的大人物都来拜访他。他们来讨论他新内阁的人选、对付经济萧条和失业问题的方法以及正在发展中的银行危机。

在此之间，罗斯福知道他的别墅不再合适他以总统的身份居住了，于是他计划开始建造一间较大的住所，那就是今日众所周

知的“小白宫”。1932 年“小白宫”便盖好了，它坐落于基金会所在地后面松山的斜坡上，是一栋简单的殖民地式的白色房子。房子里面是素色的松木墙壁，所有的房间都不大。起居室和餐厅合在一起，一端是石头壁炉，另一端是餐桌和椅子。罗斯福对船的爱好被自然地表现于屋后的玄关，那是个呈半圆形、像一只船的扇状甲板似的房间，从那儿他可以远眺他喜爱的松树林。另外，他在附近建了一幢客房别墅，让访客们能够有完全的隐私。他当选为总统后，情报机构的一群工作人员就在这地方四周的丛林中秘密布下了岗哨。

被派来保护罗斯福的人常会遇到麻烦，因为只要一有机会他就喜欢用狡猾的计谋来骗他们。他有一辆经过特别设计的福特车，车里的每样东西都是用手控制的——离合器、煞车和加速器——他可以自己开车到乡下转转，没有任何事比突然开车离去更使他觉得有趣了。他很喜欢在别人知道他要去哪里之前就离开他们的视线。等他们终于再发现他时，他就哄然大笑。

罗斯福时常为由于他的当选而使安静平和的温泉谷有所改变感到遗憾，对于必须让别人来肩负起管理温泉谷的责任，他也同样感到抱歉。但是现在贝索·欧克那对这计划已经有了像罗斯福一样的信心，虽然他们不再是律师合伙人了，但他们仍然可以共同为征服小儿麻痹而努力。

罗斯福时常梦想在基金会的土地上建造一座美观巨大的四方形防火砖建筑，也梦想着古老的麦瑞威勒成为现代的建筑，那个梦想就要实现了。温泉浴的诺门·威尔逊医院已于 2 年前竣工，是用以前的病患及他们的朋友所筹集的基金建造

1933 年罗斯福手抚荷兰版的家庭《圣经》宣誓就职

的，并且以其中一位病人的名字命名。乔治亚馆已经在计划的阶段，也将用乔治亚州居民筹集的基金来建造。

富兰克林·罗斯福答应自己会尽可能常常回到温泉谷，然后他就为了就职而前往北方。

百日新政

1933年3月4日早上，罗斯福一家开车引驶过首都街道，向祝福他的民众挥手致意，到离白宫不远的十六街上的圣约翰主教教会去做礼拜。

然后，罗斯福站在伍德洛·威尔逊曾经站过的地方，将手放在荷兰印的家庭用《圣经》上宣誓就职。那天的天气阴沉而寒冷，好像要下雨的样子，恳切的人们充满绝望和沮丧地仰头注视着他。美国的经济濒临崩溃和混乱的事实对任何人来说都已不是秘密，民众中有许多人是饿着肚子的，他们不知道什么时候才有下一顿饭吃。工厂仍然不断倒闭，银行也相继关门。除了对这位即将说话的人外，他们的希望已经无以寄托了，这位即将说话的人也知道这个事实——

1933年罗斯福第一次召开记者招待会的情形

值此我就任总统之际，我的美国同胞们肯定期望我以我国当前形势所要求的坦率和果断来发表演说。现在的确是到了坦白而勇敢地讲明真相，讲明全部事实情形的时候了。

他看到民众脸上的绝望开始消失，于是继续说道——

我们的首要任务是给人们工作。只要我们明智而勇敢对待它，这并不是无法解决的问题。这个任务通过政府直接征募人员可以得到部分完成，就像我们应付战时紧急状态那样，同时通过雇用这些人员来完成急要工程，以促进和改革我们对自然资源的利用。

人们的脸孔开始舒展、微笑了，他又说下去——

对于给予我的信任，我将以顺应时代的勇气和忠诚作为回报。我决不辜负众望。

罗斯福说到了“行动”，其实那就是他的本意。他已决定了他的内阁成员：田纳西州的柯德雨·哈尔将任国务卿；海若·艾克斯任内政部长；亨利·华乐斯任农业部长；法兰西斯·柏金斯任劳工部长；詹姆士·A·法利任邮政部长。

他在当政期间聚集了一批为他效命的专门人才，法兰西斯·柏金斯便是其中之一。其他分别是哥伦比亚大学教授雷门·摩利及同一所大学的农业专家雷克斯

1932 年 3 月 7 日罗斯福实行新政，纽约举行的大游行

福特·G·塔哥韦及公司法教授阿道夫·A·伯利。此外，撒姆尔·罗生门、亨利·华乐斯、贝索·欧克那和财政专家伯那·白陆奇、小亨利·莫根德以及一位葛罗顿的毕业生爱金逊训导长等都是他的好帮手。

他们不是像人们想象的那样在政府中可以找到的一般人物，一般人根本无法提出解决美国窘境的办法。因此，罗斯福以他惊人的想象力和冒险精神去尝试用另一批人。他试着用学者专家，例如经济学家、律师、农业学家以及了解政治理论的人。他们变成他身旁的咨议会，不久他们便以“智囊团”而闻名。

罗斯福和他的内阁成员以及智囊团共同努力了一段漫长而艰辛的时光，就职典礼之后，华盛顿就真的渐渐恢复了以往的景气。

资料链接

罗斯福首次就职演说

值此我就任总统之际，我的美国同胞们肯定期望我以我国当前形势所要求的坦率和果断来发表演说。现在的确是到了坦白而勇敢地讲明真相，讲明全部事实情形的时候了。我们不必怯于老老实实地面对我国今天的情况。这个伟大的国家过去历经磨难，今后仍将经受考验，将恢复生机，繁荣兴旺。因此，首先允许我申明自己的坚定信念：我们唯一该恐惧的是恐惧本身——会使我们变后退为前进所需做出的努力瘫痪的那种不可名状、失去理智、毫无根据的恐惧。在我国历史上每一个黑暗的时刻，坦诚而有魄力的领导都曾得到人民的理解和支持，这正是胜利的保证。我坚信，在当前这一关键时刻，你们会再一次给领导以支持。

我和你们都以这样一种精神来面对共同的困难。感谢上帝，这些困难只涉及物质方面。币值贬低到荒谬的程度；赋税增加；我们的偿

罗斯福总统就职演说

付能力下降；各级政府收入锐减；贸易流通渠道交易手段僵化；产业界哀叹残枝败叶比比皆是；农场主愁自己的产品找不到市场；千万个家庭的多年积蓄化为乌有。

更严重的是，大批失业公民面临严酷的生存问题，另有大批公民辛勤劳动却所得甚微。只有愚蠢的乐观主义者才会否认目前的阴暗现实。

但是我们的危难并不是源于实质上的失败。我们没有遭受蝗灾。我们的祖先信仰坚定，无所畏惧，因而所向披靡。比起他们遇到的艰难险阻，我们尚可谓万幸。大自然继续施恩布泽，而人的努力使其倍增。富足就站在我们的门口，然而现成的物资却激发不起对富足充分慷慨的利用。这首先是因为人类商品交换的掌管者们顽固而又无能，他们已承认失败，自动退伍，无耻的货币兑换商为人类的思想感情所唾弃，在舆论的法庭上被宣判有罪。

幸福并不是建筑在仅仅拥有金钱上；它建筑在取得成就的欢欣和创造性工作的激动上。切莫在疯狂地追逐瞬息即逝的利润中忘记工作带来的欢乐和精神鼓舞。我们在这些阴暗的日子里付出的代价将是完全值得的。如果这些时日教育我们认识到，我们不该听凭命运摆布，而应让命运为我们自己和我们的同胞服务。

我们的首要任务是给人们工作。只要我们明智而勇敢地对待它，这并不是无法解决的问题。这个任务通过政府直接征募人员可以得到部分完成，就像我们应付战时紧急状态那样，同时通过雇用这些人员来完成急需工程，以促进和改革我们对自然资源的利用。

与此同时，我们必须坦率地承认，我们的那些工业中心已人口过剩；应在全国范围调整人口布局，尽力把土地提供给最善于耕种的人，使土地得到更好地利用。为了帮助这项任务的完成，要采取具体措施提高农产品价格，从而提高对我们城市产品的购买力。要从现实出发制止对小房产和农场取消抵押品赎回权所造成的日趋严重的悲惨损失。要坚持由联邦、各州和地方政府立即按大幅度削减费用的要求采取行动。要把目前常常是分散、浪费和不公平的救济工作统一起来。要把一切形式的交通运输和其他明确属于公用事业的设施置于国家的计划和监督之下。总之，很多方法有助于这项任务的完成，唯有空谈无济于事。我们必须行动，迅速采取行动。

最后，在恢复工作的进程中我们需要防止旧秩序弊端再现的两项保护措施；必须严格监督一切银行存款、信贷和投资；必须制止利用他人的金钱进行投机活动，必须提供充足而数量合理的货币。

这些便是我们的对策。我即将向新的国会特别会议提出实行这些方针的具体措施，我将要求各州立即提供援助。通过实施这一行动纲领，我们将致力于整顿国内经济、平衡收支。

在对外政策方面，我国将奉行睦邻政策——决心尊重自己，因为尊重自己所以也尊重他人的权利——履行自己的义务，也履行与世界大家庭和世界各国所订协议中所规定的神圣义务。

如果我对我国人民的情绪体会得正确，那么我们现在比过去任何时候更深切地认识到：我们之间互相依存，血肉相连；我们不能只图索取，不求贡献；我们必须像一支训练有素、忠贞不渝的军队那样向前迈进，这支军队愿意为了共同的纪律做出牺牲，因为没有这样的纪律就不可能取得进步，就不可能实现卓有成效的领导。我知道我们愿意并随时准备为共同的纪律献出生命财产，因为只有这样才能实施以更高利益为目标的领导。我愿意担任这样的领导，保证出现战时才可能激起的责任感、统一性，使这些更高的目标成为我们全体人民不容推卸的义务。

做出了这项保证后，我将毫不犹豫地领导我国人民组成的大军，以严明的纪律去战胜我们面临的共同困难。

我们既然有从祖先那里继承下来的政府形式，为这一目的以这种方式采取行动便是可行的。我们的宪法简明而讲求实际，总是可能根据特殊的需要在重点和安排上有所改变而无损于它的基本形式。正因为如此，我们的立宪体制不愧为现代世界所产生的最稳定持久的政治结构。它经受了领土大扩张、对外战争、痛苦的内乱和国际关系的考验。

但愿正常的行政和立法分权足以应付我们所面临的空前的重任。然而史无前例的要求和迅即行动的需要也可能使我们不得不暂时偏离公共程序的正常均衡。

我准备根据宪法赋予我的职责提出一个灾难深重的国家在一个灾难深重的世界中所必须采取的措施。这些措施或国会依据其经验和智慧所制订的其他类似措施，我将在宪法赋予我的权限内尽快予以采纳。

但是，倘若国会竟不肯接受这两个方针中的一个，倘若国家的紧急状况仍然严重，我将决不回避显然义不容辞的责任。我将向国会要求对付危机的最后手段——向紧急状况开战的广泛行政权力，如同确实遭受外敌入侵时应该授予我的大权。

对于给予我的信任，我将以顺应时代的勇气和忠诚作为回报。我决不辜负众望。

富兰克林·罗斯福开始执政的几个星期被现在的历史学家称为“百日新政”。在1933年3月9日至6月16日这最初的一百多天里，他向国会提出了十五条新的法律，全部都是针对国家所面临的最紧急问题。民主党员在两院都占多数席位，因此罗斯福能够得到最好的合作。

那些法律中的第一条就是最令人吃惊的紧急银行法。他知道逐渐高涨的经济恐慌会造成银行的大规模溃败，并且会破坏币制，于是在就职两天之后便宣布银行放假而关闭了所有的银行。此后三天他就提出了新的法律，使银行在更稳固而健全的经济基础上重新开门。

3月末，他成立了平民保护团。这个团的组成是那些贫穷的年轻人——他们在国内各地无望地闲逛，攀附在运货火车的栏杆上，过着像流浪猫似的生活，或者是陷入犯罪之中。罗斯福给他们安排了工作，让他们去重新整理那些被忽视的公园和曾经是森林的荒地。他派了一位森林专家来管理这个计划，不久就有超过二十五万的年轻人来到保护团。他们在空地上工作，自己赚来的钱可供他们生活，还可寄点回去给他们的家人，同时，工作也恢复了他们的健康和自尊。他们中的许多人以前从未离开过贫民区，对于美国有多大的空间和多新鲜的空气毫无概念。最后他们种了两亿棵树木，为了防止土地受到侵蚀，他们建造了灌溉水坝、修复了国家公园，并且用鱼和游戏设备去再次充实它们。

"强迫劳动！"吹毛求疵的人叫嚷着，但是罗斯福知道这不是强迫劳动，目前大家所面临的是像战争一样重大的危机，而这些年轻人是应征而来解救危机的。

"百日新政"期间另一项著名的法律是《联邦紧急救济法案》，就是赶紧通过财务手段援助各州，来帮助饥饿的人们。罗斯福任命亨利·霍普金斯为这个工作的负责人，他曾在纽约州为罗斯福做过同样的工作。这是个不讨好的差事，霍普金斯因此变成了美国最不受欢迎的人物之一，但是他却证明了自己是做这份不讨好的工作的最佳人选。

霍普金斯想到前面漫长而寒冷的冬天将要来临，根据多年来从事社会福利工作的经验，他知道用施舍的态度去助人简直是对人的羞辱。于是他创造了一个公民劳工管理局，到11月他就已经安置了四百万失业人口在全国各地工作。公民劳工管理局政府建造了铁路、学校、游戏场、下水道和新的公园。政府还为学校聘请老师来教授成人教育课程，并请作家写下这个国家中的

每一州最重要的历史。

罗斯福有一种特殊的才能，他能让一个人对他的工作感到热衷和兴奋，并且自愿为它鞠躬尽瘁、死而后已。他知道这一点，所以他完全发挥了自己的才能去完成这个以前没有一位美国总统曾经面临过的苦差事。

“我们正在使经济活跃起来。”他告诉美国民众。

《农业调节法案》中授权总统以全国为基础来计划保持水土和保护农作物及农产品，这个法案日后引起了许多争议。

引起最激烈争论的计划是创建田纳西流域管理局。像往常一样，罗斯福勇往直前而无视于他对手们的阻碍，因为他在温泉谷外围的汽车旅行中看到了那个贫瘠而荒芜的盆地。

田纳西河发源于大斯茅克的纳克斯维尔附近，向西南流入阿拉巴马州，再向西穿过阿拉巴马州的北部，最后向北汇入俄亥俄河。在阿拉巴马的西北角，一处浅而多石的急湍从它之上翻腾汹涌地穿过而形成了马索浅滩，浅滩上有一大堆黑壳蚌类附着在岩石上。

在选举日和就职日之间，罗斯福写信给尼布瑞斯卡州的乔治·诺里斯参议员：“我暂时答应，在我到温泉谷的路上会去看看马索浅滩。”

诺里斯是来自尼布瑞斯卡的自由派共和党议员，他为了使国会通过马索浅滩水坝及洪水控制计划法案而奋斗多年。柯立芝总统否决了他第一次提案，胡佛总统又否决了第二次。

罗斯福真的像他承诺的那样前往了这个地方，并且不止一次。除了荒芜土地上的恐怖贫穷之外，他什么也没有看到。在表层土被河床泛滥的洪水给冲走之前，土地上的树木就都被砍光了。他和诺里斯参议员进行了诚恳的会谈，开始想象对整个盆地做广泛地改造，如水坝、开发便宜的电力、重新造林、复苏农地、修建造低价的住屋、增加新的地方工业和新的农作物，也就是使那里的民众工作、健康、快乐……

诺里斯参议员从没有过这么大规模的梦想，他为这民不聊生的地方以及美国所有其他这类地区睁大了眼睛、充满希望地期待着。

“这是白宫所签发的最美好、最广为人道的文件!”他说道。

并非每个人都赞成诺里斯参议员的主张，那个地区有些私人电力公司便大声宣称政府无权与私人企业竞争。理论上他们是对的，但是罗斯福已经对他在温泉谷为电灯及其他电力所付的过高税率深感不满，而那些电力又都是由同一家电力公司所提供的。他们因为没有竞争而索要高价，并且漠视了他们对于接受服务的人们所该负的责任。

有关的电力公司雇了一位律师——民主而聪颖的温德·威尔基，他在对抗 TVA 计划的争论中为他们雄辩。威尔基是一家南方公司的董事长，那是个从事公共事业的公司，在田纳西盆地有一些资产。威尔基曾经是民主党党员，他在许多方面都很像罗斯福：自由主义者、金嗓子演说家、做事从未半途而废。罗斯福和威尔基是旗鼓相当的对手，威尔基把这场争斗由法庭提高到美国最高法院，因而使他自己的知名度提高而受到民众的欢迎，以至最后出来和罗斯福竞选总统。但是罗斯福赢了 TVA 之战，而这个计划也真的救了这个盆地。

八年后，爱伦娜·罗斯福因负责她先生的旅行并为替他视察而来访这个地方。

“很难找到一个比这里更繁荣的地区!”她说。

7 月，美国根据另一个银行法创造了联邦银行储蓄保险公司，保障个人银行存款的安全，保障金额高达五千美元。

在罗斯福第一个任期的最初百日，他和国会所进行的十五个计划中最受欢迎的就是 NRA（国家复原管理局）。NRA 差不多概括了其他计划所没有包括的每一件事，其中另有一些事情则是其他计划中也有的。

NRA 以大规模的宣传、游行、巨型海报以及展示它象征——印有蓝鹰的大旗开始。它要求工业界实行一项制度：缩

短工时、提高最低工资、为工人办团体交涉，并且禁止工厂雇用童工。它还要求那些长期工作者每星期放假一两天，让一部分失业的人可以有半天的工作。所有采用 NRA 制度的雇主都将一个蓝鹰标签贴在窗户上，然后政府再要求消费大众赞助那些商店。此外，在 NRA 之下，政府拟定了更多的公共工厂计划，为人们制造了更多的工作机会。

美国人民以极大的热诚将 NRA 铭记在心，它使其他所有计划都更有成效，而那些计划则使得美国的经济慢慢地爬升，人们相信，美国一定会从经济恐慌的深渊中爬上来的。

经济再度活跃，罗斯福在竞选中被寄托的期望不断增高。

爱伦娜继续做他的双腿，替他到全国各地旅行，视察那些仍需改进的情况以及已收到的成果。她从不会在某些场合显得过于高雅，如在肮脏的贫民窟、烟熏的煤矿区、农场或鱼货码头等地方。

“她不突出，”一位缅因州渔夫说，“她没有盛装，也不怕说话。”

爱伦娜·罗斯福做第一夫人时也像她先生做总统一样打破了许多陈腐的传统。她使白宫成为一个温暖、非正式而友善的地方，在那里孩子们和狗都可以自由地跑来跑去，访客们也都觉得很自如。罗斯福继续当着他的快乐乡绅，爱伦娜也没有时间去做赶时髦的人。如果一位同事对她说：“罗斯福夫人，那不该是第一夫人做的！”她会回答：“现在是的。”

跟他们一起住在白宫的是他们最亲近也最信任的助理们，莫维娜·汤普森仍然是罗斯福夫人的私人秘书，路易斯·何威则是总统的私人秘书兼亲信，爱乐·韩德小姐和葛丽丝·杜丽则负责总统大部分的信件。杜丽小姐负责较大部分的听写，而爱乐·韩德小姐则做分类和计划。史蒂芬·俄利处理罗斯福的公共关系，马文·H·麦因泰则安排总统的约会。

罗斯福总统每天早上 10 点以前开始工作，整天忙着开会和与各种人士会晤，那些以为自己是跟病人在一起工作的人发现他们自己反而比总统还要更早感到疲倦。傍晚时，葛丽丝·杜丽会抱着一大堆等候回复的信件到办公室来，他就开始跟她谈话。

“那是我们要做的全部吗?”他充满希望地问道。

“不，先生，”她回答，“这只是我所能拿的全部，还有更多的信还没拿来呢!”

吃过饭后罗斯福继续开始工作，他时常在睡觉之前阅读最后的几封信件。

对罗斯福的活动最有发言权的贴身随员是海军中将罗斯·T·麦因泰，他是总统御医，负责总统的健康，几乎每天早晚他都要为总统做检查。总统无论到国内还是国外，他都随侍在侧。他像其他每一个人一样惊讶于罗斯福良好的身体状况，除了下肢的残跛以外，总统的健康状况正达到巅峰状态。

富兰克林·罗斯福是一位比较年轻的美国总统，他在白宫过的第一个生日是他的五十二岁生日。他决心将这次生日奉献给残障儿童，因此，1934 年 1 月 30 日为他所举行的第一次生日舞会就是为了替乔治亚温泉谷基金会筹募资金。在美国的城市和乡镇中有超过六千个这类的团体。罗斯福在白宫的主要机构里，通过广播跟美国人民说话——

“只有在最近几年我们才了解到残障儿童问题的真正意义，残障儿童的数目比我们所想象的要多许多。在很多地区更有数千人不但得不到任何帮助，甚至他们的存在都不为医生或保健中心所知……至于你们所知道的，温泉谷的工作是我心之所系，因为成百上千的小儿麻痹症患者在那里接受治疗。小儿麻痹比其他任何原因都更易导致儿童与成人的残疾已是不争的事实。温泉谷是给予许多残障者亲切、耐心和技巧的地方……

由今晚给予基金会的捐助，温泉谷将能拓展它的效用使之遍及全国，特别是在治疗小儿麻痹方面……没有一个人从他的朋友和同胞那里得到过比你们今晚所给我的还要好的生日礼物。我以尊敬和感激之心接受这份礼物，并要将它转致全国这个大家庭中那些被病魔击倒的人们。我感谢你们，但却无法表达我是多么珍惜你们所做的一切。在我所过的最快乐的生日这天，我向你们各位道晚安。”

那并不是自从他当选总统以后的第一次广播谈话，绝对不是。从他就任的那一刻起，他就遵循着他做纽约州州长时所立下的规矩——直接跟人民谈论他们自己的问题。现在他称他的广播谈话为“炉边谈话”。第一次关于银行危机的谈话是在他就任后不久，他用最简单的语言来解释最困难的问题。7月，他解释NRA；1934年1月他为残障儿童提出请愿；同年年底之前，温泉谷的麦瑞威勒旅馆——一个古老的易着火建筑——被拆除，改建成两所新的宿舍建筑，那就是克瑞肆勒新馆及别德馆，并增加了许多职员以便照顾更多的病人。

科学家们在研究疫苗以防止小儿麻痹方面开始有了进步。现在他们已经确定小儿麻痹是由一种滤过性病毒造成的，但是他们在显微镜下仍然看不见它，也不知道它是如何从一个人身上传播到另一个人身上。在纽约大学工作的莫里斯·布鲁代博士用已死的病原体研制出一种疫苗；费城坦波大学的约翰·柯摩则研制出一种含有活病原体的疫苗；参与研究的医生们对于使用死的还是活的病原体所制作的疫苗展开了激烈的讨论，这种讨论继续了好多年。但是在1934和1935年，两种疫苗都分别经过许多次试验之后，医学界认为没有一种可以安全地使用，因此，必须开展更多的研究。

罗斯福坐在轮椅中，当他因为自己的知识不够而无法帮助一个罹患小儿麻痹的儿童时，他能够了解作为一个医生所感到的挫折，也了解实验室中医生们无法因得知小儿麻痹病因而感受到的挫折。

他自己也有挫折感。经济恐慌正在消除之中，但是消除的速度还不够令他满意，孤立主义者的态度仍然不可能使美国进入世界组织以维护世界和平。他必须像实验室中的医生一样忍耐并坚持，而且要满足于任何地方的任何一点进步。

他当政只有几天后便宣布发行一种特殊的邮票，来纪念乔治·华盛顿在纽伯夫所作的殖民地和英国和平宣言已历时一百五十周年。

“在我所搜集的邮票中，”他写信给邮政局长吉米·法利，“我最感兴趣的历史性邮票便是纽伯夫纪念邮票。”

在他的第一个总统任期中，最感人的演说之一是在某个休战纪念日于阿灵顿国家公墓所做的：

“我们不能也不应该在我们自己周围树立藩篱，不应该把我们的头埋在沙里，我们必须鼓起一切力量勇往直前，为国际和平去努力奋斗……

“国与国之间的猜忌继续着，各国的武器军备增加着，破坏世界和平的野心国家向前冲刺着。但是我可以给大家一点可以增加信心的消息：美国与加拿大之间新的互惠贸易协定刚刚签署完成。我希望这个好的典范有朝一日能够普及世界各地……作为一个国家，如果我们能够成为贡献各国间友谊、和平与安宁的典范，那么我们这些年来的努力才没有白费。”

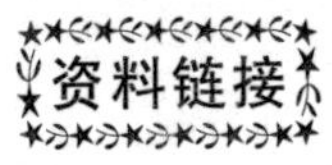

罗斯福实行新政

富兰克林·罗斯福在1932年参加总统竞选期间许诺将实行为美国人民着想的“新政”。在他担任总统几天后，政府机器就开始运转了，以恢复受大萧条打击的美国经济。从3月至6月，在被称为“百天新政”的时间里，国会通过了大量新动议。在这些措施中，有被总统称为“美国国会历来颁布的最重要和影响最深远的立法”的《国家工业复兴法令》，根据该法令设立了一个国家复兴执行机构（NRA）。

1933年9月，在纽约举行了一次盛大的游行，庆贺这一机构的工

作。国家复兴执行机构订立了工商业实施法则，禁止重工，限制工作时间，规定最低工资，给予雇工集体提出条件的权利。几周内，数千家企业展示了国家复兴执行机构的“蓝鹰”徽记，附带着它的座右铭：“NRA——我们尽自己的本分。”

战争考验

我们的立宪体制不愧为现代世界所产生的最稳定持久的政治结构。它经受了领土十三大扩张、对外战争、痛苦的内乱和国际关系的考验。

——罗斯福

新政遭反对

罗斯福总统有充分的理由关切世界和平，因为全欧洲又将再度变成武装阵营了。自1933年出任德国总理的阿道夫·希特勒日渐强大，他是个残忍而黩武的人；伯尼多·墨索里尼也正逐步将意大利君主政体转变成独裁政权。在地球上的另一边，日本从1931年起便武装侵略中国，并在中国东北地区建立了伪满洲国。

1933年，罗斯福向五十个州州长发出私人信函，力劝他们切勿采取武装侵略，且应遏制军备计划。在日内瓦召开的六十国裁军会议亦毫无收获。罗斯福于1934年向国会提案，极力主张美国加入国际法庭，但是参议院却不顾他和哈尔国务卿所做的一切就把它否决了。

1935年春天，纳粹德国开始不承认凡尔赛条约，他们开始征召年轻人以组织一个新式的大型军队。那年秋天，意大利借故向衣索匹亚挑衅而展开军事侵略，几个月后衣索匹亚就被吞并了。

国外的形势一片黑暗，而国内的处境也没有应有的明亮。总而言之，经济恐慌还没有被完全克服，社会上仍然有数以百万的失业人口。

1935年初，罗斯福总统、他的内阁员和专家们起草一整套

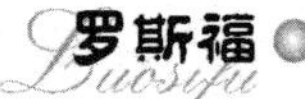

新的失业救济法案，这个法案由国会颁定，他希望这个法案的施行能够减少三百五十万的失业人口。法案中有五十个机构，其中最知名的是工厂进步管理局，由亨利·霍普金斯负责；公共劳工管理局，由海若·艾克斯负责；全国青年管理局以及乡村电气化管理局。

在欧伯瑞·威廉斯领导下的全国青年管理局为中学生及大学生提供半天的工作时间，这使他们得以继续完成学业；还为失学的闲散年轻人提供职业训练及工作机会。罗斯福坚决主张联邦援助计划要适用于每一个人，不论他是属于任何种族或党派。他任命民主而有魄力的玛丽·麦陆德·伯素恩来负责 NYA 的黑人部门。

1935 年 5 月 11 日，罗斯福在温泉谷小白宫的办公桌上签署了总统命令第 7037 号——建立乡村电气化。这是关于乡村地区电能生产、传送和分配的计划，这个计划不但能创造更多的就业机会，并且能降低乡村高额的电价，此外，更能为没有任何电力供应的广大地区提供电力。

同年夏天，经罗斯福签署而生效的法案还有《华格纳劳工关系法案》和《社会安全法案》。

罗斯福总统和国会像奔腾的马匹般努力向前冲刺，看到他们所发动的一切计划和实验使经济不景气的情况得以改善，人们简直兴奋得不得了，突然，一个遏止进步的障碍使人们愣住了！美国最高法院宣布国家复原管理局不合宪法规定，对它的否决是全场一致通过的。对这项计划，几个星期前便有了裁决，但只是针对 NRA 的一部分，然而这第二次裁决将导致整个计划的停顿。最高法院宣称，国会无权授予这么多的权限给总统，联邦政府也无权在调整工业上管得那么多。罗斯福愣住了！现在他新政计划中最重要的部分被勒令停止了，接下来的最佳构想——最低工资、最高工时以及禁止工厂雇用童工也都被停止了。

最高法院则是站在另一个角度来看待这件事的，他们提醒罗斯福，美国政府是采用三权分立制：立法机关——国会制定法

律；行政机关——总统执行并实施法律；司法机关——法庭审核制度、裁决法律。政府的每一部门都可以被视为另外两个部门的制衡机构，三个部门彼此互相制约，因此没有任何一个部门或个人可以对政府做全面地控制。

在罗斯福的记者招待会上，新闻记者发现他仍像往常一样优雅而迷人，言语中充满幽默的警句，对于他不愿回答的问题则随时以快速而机智的话语避开。其中一位记者问到有关最高法院对 NRA 的裁决问题时，他回答："哦，他们的生活仍然停留在马匹和四轮单座的马车时代。"真的，他们之中大多数都是七十岁甚至更老的人。然而，欧文·J·罗伯兹法官则只有六十岁。老年也并不一定要和保守倒退的观念并行。法官中最具自由思想的路易士·白兰第斯就是美国年纪最大的法官之一。

更多的人开始向最高法院申诉，而法院也宣判了更多不利于新政的裁决。它否决了引起很多争论的《农业调节法案例》，但是另一方面，就在《农业调节条例》被裁决之后不久，它被判决支持《田纳西盆地权限法案》，至此，温德尔·威尔基的长期奋斗终于做了个了断。

国家复原管理局和《农业调节法案》裁决的副作用使得国会更加独立。它被反对党称为"橡皮图章国会"。罗斯福知道，从现在开始工作的进行将会变得更困难了。

1936 年的大选对罗斯福来说是另一件大事，这次他最亲近最信任的朋友不再在他身旁了。路易斯·何威病了很久之后于最近逝世，然而，却没有一个人能够取代何威的地位。

当然，罗斯福先生再度被他所在的党提名，由吉米·法利负责他的竞选活动。他们到全国各个角落做乡区巡回演说时，罗斯福在广播中做了激励人心的演说——

在这次横贯全国的旅行中，我和农夫们谈过话，和矿工们谈过话，也和工人们谈过话；在这些谈话中，我听到一个如水晶般清晰可见的事实——他们是一个经济这个整体的重要组成部分，如果其他行业的人们在繁盛中失败，则那些农夫和工人们之中没有一个人能够在他所选择的职业中获得成功……

你在银行有存款吗？我们保证你的存款在今天要比它在历史上的任何时期都更安全。你是个投资者吗？你的股票和证券将上涨到近六年以来的高水平。你是个商人吗？你的市场有了崭新且巨大的购买力。你在农场上的顾客们有了更多的收入和更少的负债，城市中的顾客们有了更多的工作机会、更稳定的工作、更好的工作……你在工业界服务吗？工业收入在最近四年、六年，甚至七年中都是最高的。破产倒闭工厂的数目已降到最少……

共和党提名堪萨斯州州长阿佛烈·M·伦顿来与罗斯福竞选，共和党竞选的目标是攻击所有新政的弱点。它称一长串的机构——CWA、CCC、TVA、NRA、AAA、PWA、WPA、NYA为“大杂烩”，意指这些机构多而冗杂。共和党议员宣称这些计划中充满了毫无价值的工作。太多的美国人只想不劳而获，他们期望着政府支持他们。

共和党所提出的现象在许多地方却也是事实，有许多无聊的人或是骗子，他们只是为了取得工资而假装工作，这显然是一种浪费；有些人开始了工作计划却从不施行；有些人则希望坐享其成。人们的工作情绪陷入低潮，工作过程也缺乏效率。

但是，伦顿不能否认一个事实，那就是他无法和罗斯福在选民间的声望上竞争。当1936年10月中旬罗斯福的竞选火车到达芝加哥时，成千上万的人在火车站迎接他，差不多有50万人想要挤进会场去听他的演说。

罗斯福回到纽约，在麦迪逊广场公园发表他最后的竞选演说。“为了这最后的演说，”他对仍与他一起工作的撒姆尔·罗生门说，“我们要认真地辩论。”

罗生门深深了解他的意思。

那晚在讲坛上，罗斯福猛然将腿向上伸直，把撑木锁上。他站了起来，走到演讲台前，把头斜斜抬起，使下巴突出，然后开始说话。他看来从未如此精神焕发过——

> 将近四年来，你们的政府不是敲着桌子无所事事，而是卷起衣袖做了许多事情。我们将继续卷起衣袖做下去……当然，我们将继续为美国的工人争取改进工作条件——减少过长的工时、增加工资、禁止童工的雇用、清除工资低微的商店。当然，我们也会尽一切努力去终止实业的垄断、支持劳资双方的团体交涉、停止不公平的竞争、废除卑鄙的商业伎俩。对于这一切，我们现在所做的都只是刚刚开始！

罗斯福从麦迪逊广场公园返回海德公园投票，并跟他的家人和邻居一起等候选举结果。家里大约有 50 位亲戚和客人，爱伦娜安排了一个自助晚餐。

从最初的统计表开始，罗斯福就知道他获得了压倒性的信任。他和朋友们拿着记事板和铅笔坐在收音机前统计着票数，他超过的票数节节升高以至他自己都不敢相信。最后他以获得比美国历史上任何其他候选人更多的选票而赢得了胜利。除了缅因州和维蒙特州外，每个州都支持他。

“哇！”他一面吐着烟圈，一面高兴地叫着。

“1936 年的风暴！”这是新闻记者对这次选举的称呼。

这次，甚至是罗斯福在葛罗顿的老校长彼伯蒂也投了他的票。

“此刻再度宣誓就职美国总统，”他在第二次就职演说中说道，“我愿肩负起这庄严的责任，领导全美人民在他们所选择的道路上向前迈进。”

最初的信任导致了过分的信任，第二次就职之后不久，他便开始显露出对于最高法院的愤慨——因为他们裁决反对了许多他的新政措施。

每个人的个性都有两面，一面是讨人喜欢的，另一面则是不讨人喜欢的，罗斯福也不例外。他的残障加深了他讨人喜欢的一面，却也加强了他不讨人喜欢的一面，那一面就是不希望被人惹恼。无法整顿失业、劳工不安及整个经济恐慌而使他产生的那份挫折感增加了他对于不能自由走路而且需要许多人照顾所感到的挫折。最高法院只支持《社会安全法案》，但那是不够的，一点也不够。

1936 年罗斯福（前排中）摄于“史塔福”号军舰上

罗斯福没有跟任何人商量就秘密地为国会准备了一份咨文。在将咨文送到国会的同一天早上，他便召集了内阁成员及两院领袖，向他们宣读咨文。咨文要求高等法院进行修正及改善，但是它最重要的矛头是指向最高法院的。罗斯福总统提议，所有最高法院的法官超过 70 岁以后必须在 6 个月内退休，总统有权力派任新的法官（最多 6 名）以取代那些必须退休的人。如果这变成一条法律，就意味着罗斯福将能够立刻照他的意愿任命六位新的法官，因为现任的九位中有 6 位至少是 70 岁，因此，他能够将法官的总数增至 15 位。

在场的男士和女士都目瞪口呆地坐着，总统想使他自己成为一人政府吗？他当然知道他所提议的是多么危险的事！为什么他不给他们时间在周密的会议上来审查这件事呢？

各家早报立刻以总统要求权力、改革最高法院的通告来对此加以宣扬。当记者访问赫伯·胡佛时，他宣称那是“冻结”法院的计划。国务卿柯德尔·哈尔和劳工部长法兰西斯·柏金斯都反对这个措施，但是他们都没有表示什么意见以免公开使总统难堪。他们所处的地位太敏感了，纽约州参议员赫伯·乐门则公开声言反对这个法案。

议论的风暴渐渐从各方涌起，最高法院是最受全国尊敬的机构之一，是宪法的保护者，总统的这个提议真是骇人听闻！律师们、历史学家们和政府专家们都在广播中发表谈话或写专文评论。国会议员们开始收到数以千计来自选民的反对信件。

总统在一次“炉边谈话”中向人民解释了他的意图，经济恐慌绝对尚未结束，他说，全国有三分之一的民众仍然“营养不良，穿不好，住不好”。因而国家需要更多的法律来解决这些问题。“我所提出的这个观念一点也不新奇或激进……许多州的法律上、行政事务的惯例中、我们许多的大学和差不多每一个大规模的私人企业通常都把退休年龄定在 70 岁甚至更少一点。”

这个议案被交付给两院的司法委员会，参议院司法委员会并于 3 月举办公听会。他们倾听律师、法官、国会议员、劳工领袖及商人的宣誓证言，听了好几个星期。许多过去与罗斯福交好的人都为了这件事停止和他交往，雷门·摩利更是公开声明反对这项议案，民主党参议员，例如蒙大拿州的伯顿·K·惠勒和维吉尼亚州的卡特·葛来斯也都表示反对，哈佛斯审判长也向委员会发出了一封抗议信。

公听会一直持续到夏天，从没有任何一个议案受到过比这个问题更为透彻的考虑和讨论。折中的建议不时被提出来，这个议案也逐步失败了。

4 月，仍继续执行任务的最高法院宣判赞成《华格纳劳工关系法案》，这指出他们毕竟不是有意阻碍新政的推行。7 月，威利斯·凡·戴凡特法官——最高法院年纪最大的法官之一——过了 78 岁生日并且宣布退休。这件事给了总统一个自然的机会来任命一位新的法官，当然日后还会有更多的机会。国会将在 8 月间休会，那也正意味着争论即将结束。

等到全国民众激愤的心情冷静下来之后，许多反对法案的人开始感到罗斯福总统也并不是想要破坏政府的民主形态，但是他为未来的总统创造了任命法官的机会却也是不明智的。

此外，在美国还有一大堆劳工不安的问题以及某些地方的大罢工，甚至暴动，这些遭到批评的新闻事件也引起了公众的兴趣。

罗斯福已经开始极力主张以立法特别是建立最低工资和最高工时的法律，来取代 NRA 的某些条款，但是在国会休会之前他无法实现这个主张。

罗斯福毫无让步的意思，于是他做了一次全国性的旅行以视察各地的情况。商业复兴过程中的不景气于 1937 年开始，罗斯福一返回华盛顿便召集了国会特别会议，为他们解释他认为需要做的事情。急需进行的项目之一是他提出的工资与工时法案；另一项则是控制农作物，这么做，农

1937 年罗斯福与次子艾略特在墨西哥湾钓鱼

作物的价格才不会因为生产过剩而被降低。失业人口的数目增加了，这个问题也必须面对。此外，他希望政府对于大的商业托拉斯和企业联营组织能有更多的监督。

罗斯福总统仍然是个能够同时处理许多事情的人。他仔细地观察着世界形势，当他应邀在芝加哥外车道桥发表演说时，他要求和侵略国家断交，他说：

> 世界上百分之九十的人口的和平、自由与安全正被其余百分之十的危害着，那百分之十的人以破坏整个国际秩序和法律来对他人加以威胁。当然，那百分之九十的人想要在法律保障下生活在和平之中并依照几个世纪来广为接受的道德标准行事，那么就必须找出一些方法使他们的意愿得以达成，这个趋势的确是全球性的。

长久以来，罗斯福已经知道如何从演说中去感知听众的意向，他断定美国人已渐渐了解到他们真的无法脱离世界上其他国家的人而孤独存在，他继续说道——

> 世界性的不守法正在蔓延，这是个不幸的事实！不管是经过宣战还是不经宣战都是一种恶风。它会将人民和国家带入早先那种关系淡泊的情况。我们决心远离战争，因为我们无法对战争的悲惨结局以及涉入战争的危险有所交代……在爱好自由的国家中，它本身向往自由的意愿必须被充分表现出来，那些企图破坏自由和别人权利的国家将会受到坚决的打击而无法实现他们的意愿。我们必须积极努力地来维护和平，美国憎恨战争，美国希望和平。因此，美国应积极从事着寻求和平的活动。

而现在离威尔逊为国际联盟发出的英勇呼吁之时已经过了许多年。

虽然罗斯福倡导和平，但是有一个战争却是他想要发动的，那就是发起全面战争来对抗小儿麻痹。1937 年秋天，他和贝索·欧克那开始共同努力创建今天的国家基金会，不久罗斯福便向新闻界宣布，这个组织将对抗小儿麻痹的三个阶段：病发前、病发中及病愈后。它将全力以财务来资助研究机构，以便他们可以努力认识这个疾病并找出防治的方法，它要帮助医院给那些新患小儿麻痹的人更好的照顾，它要继续在温泉谷的复健治疗并资助美国其他各地类似的复健中心。

1938 年 1 月 3 日，新的国家基金会被改为财团法人形态组织，贝索·欧克那任董事长，摩根已经跟温泉谷有过联系，他在基金会任执行委员会主席，他们希望能够在纽约市国家机构的监督下在全国各地建立地方分会。

罗斯福想继续将他生日奉献给小儿麻痹之战，基金会决定把目标放在小额捐款人身上。在经济恐慌期间，大额的捐赠少之又少，人们送来的都是硬币，有时甚至只有一分钱。推广的工作被指派给加州的一群专家，那一群人中最知名的是爱迪·肯特，他是各地小孩子们的朋友。他主张做一次广播呼吁，因为他最近才为救济洪水罹难者募集了一大笔资金，而在那之前他们只作了一次 30 秒的广播。

“我相信，”他说，“全国的广播节目都会为这个伟大的动机奉献他们的 30 秒钟，让人们把钱直接送到白宫。”

许多人都赞成这个提议，但是活动必须有一个口号，一个生动的观念句子来为这个呼吁做宣传。爱迪·肯特开始来来回回地踱步。突然，他大笑着说：“我们可以叫它‘一人一分钱运动！’”

负责筹划的人立刻采用了这个主意，罗斯福听到这件事也很高兴。

第一次的“一人一分钱运动”开始于 1938 年 1 月 30 日。

白宫通常每天收到将近五千封信件。但是，这个呼吁提出后的第一天白宫就收到了 13000 封信，而装满一大堆信件的邮车还在不断来到。不久便有个笑话在白宫内传开——没有人找得到公务信件。

突破过去一年来所有的批评之后，罗斯福总统发现现在这些反应真的是令人感到非常的欣慰。

同年夏天，第一次的研究补助金被注入各大学、医院和其他职业团体，对抗小儿麻痹的战争还在继续进行。

然而，真正战争的风云也在世界各地蔓延，侵略国变得愈来愈大胆。就在 1937 年 12 月，日本轰炸机击沉了美国炮艇“波内号”；1938 年 3 月，德国侵犯且吞并了奥地利；同年秋天，希特勒向捷克斯洛伐克挑衅，不久又强索捷克北部的苏台德地区；英国首相尼维尔·张伯伦亲自到伯契泰斯葛顿和希特勒进行洽谈，此后，又有一个会议在慕尼黑城召开，出席者有希特勒、张伯伦、墨索里尼及法国的爱杜·达拉第。他们都要求捷克“为了世界和平”而放弃苏台德地区。

1939 年 10 月，罗斯福向国会提出了他的年度咨文，其内容大部分都是关于战争的。他要国会及美国人民了解“新的暴力哲学就是包围他人的领土而使之成为自己的领域”。于是国会通过了一条《中立法案》，禁止出卖军火或贷款给交战国。但是罗斯福仍希望他们开始认真地考虑本国的防御设施状况，这便意味着赋税将有所提高。

通过《慕尼黑协定》就可以知道，希特勒的话是不足以相信的。他无视自己的担保——不索取更多的领土，没多久就吞并了捷克斯洛伐克全部领土。整个世界都在恐惧中紧张地等待着，显然波兰就是他的下一个目标。奥地利没有反抗，捷克也没有抵抗，但波兰却反抗了希特勒，这便成为希特勒开始侵略的借口。他开始轰炸华沙城。英国和法国曾向波兰保证，如果波兰遭受侵略，他们将以武力支持波兰，因此，两国都向德国宣战，第二次世界大战便由此开始。

1939 年 9 月 3 日，富兰克林·罗斯福总统在广播中发表讲话：

> 直到今天早上四点半，我都寄望于某些奇迹能够阻止欧洲的破坏性战争并且导致德国对波兰侵略的结束。……每一个人都要最仔细地分辨新闻与谣言。
>
> 但愿没有一个人会因误解或不小心而谈到美国将派军队到欧洲战场。此刻，美国准备了一份中立的宣言书……我说过不止一次，我了解战争并且憎恨战争！我一再重复地这么说，是因为我希望美国远离战争，我相信这是做得到的。我一再向你们保证，政府的每一分努力都会是朝向这个目标的，只要是在我能力范围内所能防止，美国就将不会丧失和平。

现在他开始体验到伍德洛·威尔逊的痛苦了。

资料链接

《慕尼黑协定》

全称《德国、联合王国、法国及意大利间的协定》，即《关于捷克斯洛伐克割让苏台德领土给德国的协定》。1938 年 9 月 29 日至 30 日凌晨，张伯伦、达拉第、希特勒、墨索里尼在慕尼黑会议上签订。主要内容是：捷政府必须在 10 月 1 日起的十天内，把苏台德区和德意志人占多数的其他边境地区割让给德国；割让区内的军事设施、工矿企业、铁路及一切建筑，无偿交付给德国；成立由英、法、德、意、捷五国组成的“国际委员会”来确定其他地区的归属并最后划定国界，等等。慕尼黑协定是英、法“祸水东引”政策的顶点。丘吉尔在英国议会对协定进行了猛烈地抨击，认为英国遭到了一场全面的十足的失败，英法“正处在一等大祸之中”。后来把为苟安一时而牺牲他国利益、纵容侵略的政策称为“慕尼黑政策”。

《慕尼黑协定》主要内容：

一、撤退将在10月1日开始。

二、联合王国、法国和意大利同意从领土上撤退应于10月10日完成，不得破坏目前存在的任何设备，并且捷克斯洛伐克政府将被责成履行撤退，不得损害上述设备。

三、关于撤退的条件，应由德国、联合王国、法国、意大利以及捷克斯洛伐克的代表等所组成的国际委员会制定细节。

四、自10月1日起，德国军队将分阶段占领德意志人（在数量上）占优势的领土。在所标出的四块领土，将由德国军队按照下列次序加以占领……

其余德意志特征最突出的领土将由上述国际委员会迅速确定，并由德国军队在10月10日占领。

五、第三款所指国际委员会将决定应举行公民投票的领土，该项领土在公民投票未完成前，应由国际机构占领。同一国际委员会将确定举行公民投票的条件，以萨尔公民投票的条件为基础。国际委员会应指定举行公民投票的日期，这一日期将不迟于11月底。

六、边界的最后确定将由国际委员会完成。该委员会也将有权在某些例外情况下，严格地从人种学来确定有些地区可不必举行公民投

参与签订《慕尼黑协议》的四国代表。中间为希特勒，右二为墨索里尼

票予以移交，向四国即德国、联合王国、法国和意大利建议作出非主要的变动。

七、应有自由选择迁入或迁出被移交领土的权利，选择权应在本协定签订日起六个月内行使……

八、捷克斯洛伐克政府自本条约签字之日起四个星期内将从其军队和公安部队中解除任何希望解除的苏台德德国人的职务，并且捷克斯洛伐克政府将在同时期内释放因政治罪行而在服刑的犯人。

战时领导人

1939年，战争的事件充斥着欧洲。希特勒攻击波兰以前，曾跟苏联签订过一项互不侵犯条约，因此德国可以不必顾虑东边。

法国及英国都尽其所能地快速动员武装，但是希特勒的军事力量似乎是无敌的，他的军队向外扩展占据了挪威、丹麦、比利时及荷兰。法国经瑞士到比利时建了一条很长的防御线叫做“马奇诺防线”，但是德国军队像洪水泛滥般在防线周围冲撞，最后终于冲进了法国北部。

9月10日，德国向波兰发起进攻。第二次世界大战正式爆发。半个月内，德军的坦克碾过波兰全境。

大约四十万人的军队（大部分是英军）在敦刻尔克沿岸被德军围困了整整一个星期，当敌军的炮弹在他们四周爆炸时，英国在尽力对他们给予保护，每一种船——划艇、帆船、渔船以及任何可以漂浮的东西都穿过英吉利海峡赶去疏运士兵。

法国在6月中旬投降，纳粹军队进占巴黎，横扫法国。意大利以轴心国成员的身份加入战争，于是战争扩展到了北非。“英国之战”开始了，飞机几乎每晚都轰炸英国的城市。日本

也加入了轴心国的阵营。

罗斯福开始将他所能请到的最能干的顾问召集在自己身边，许多高级商业经理人自愿每年只拿一块钱的薪水而为他效劳。总统任命亨利·L·史丁逊为他的陆军部长，史丁逊在一次大战时就曾担任此职。此外，罗斯福还让曾经是新政敌手的法兰克·纳克斯当海军部长，亨利·莫根德一直任财政部长，柯德尔·哈尔则几乎在罗斯福当政的期间一直都担任国务卿的职务。

差不多同时，温斯顿·丘吉尔取代了尼维尔·张伯伦担任了英国的首相。

1940 年是个在世界大势的压力之下的竞选总统年份，紧接着，敦刻尔克大撤退及法国失势之后，共和、民主两党都将召开竞争激烈的大会。

6 月的第三个星期，共和党议员在费城聚会，四位主要的提名竞争者分别是纽约州的汤姆斯·E·杜威、俄亥俄州的参议员罗伯·A·泰伏特、印第安那的温德尔·L·威尔基以及密歇根州的参议员亚瑟·H·温德保。第一次宣誓投票后他们的次序是杜威以 360 票领先，威尔基以 105 票居第三。

作为新政反对党的领袖，威尔基的知名度自从 TVA 之战后就如雪球般地增大。他常在广播中向广大的听众演讲，每当他和另一位演讲者争辩某个国家问题时，通常都能击败对手，他无疑是个优秀的人才，具有广博的见识和充分的勇气。他在大会上的超过其他候选人的票数不断增多，随之而来的激奋之情也跟着增加，每次投票时他的票数都有所增加，到第六次投票时他就获得提名了，直到最后他成为名册上的第一名。

民主党全国代表大会于 1940 年 7 月在芝加哥召开，此前几个星期，所有人都在谈论着罗斯福是否能第三次连任的事，这种事情以前从未有过。因为美国第一任总统乔治·华盛顿本人创立了拒绝第三次连任的先例。

但是威尔基是不易打败的，而罗斯福也是民主党内最有实力的候选人。当许多人了解到美国正在第二次世界大战边缘摆动时，罗斯福很快就会在其他世界领袖的影响下也成为一位世界领袖。

罗斯福先生对是否会第三次连任这个问题则保持缄默，因为能够返回海德公园及哈德逊河盆地的念头真的很吸引他。但是罗斯福夫人知道，如果被提名，他是不会拒绝竞选的。

罗斯福仔细地考虑着这件事，民主党还有哪个其他的候选人能够将所有国家及国际的经验带入工作？那是今后几年所需要的。据他看来，国务卿康德尔·赫尔是唯一的人选，但是当罗斯福约谈赫尔时，赫尔却说他一点也没有这个打算，甚至也不愿竞选副总统。

赫尔说他可以在他目前的职位上提供更多的服务，尤其是如果他能避开党内竞争的话。民主党全国大会收到总统咨文，知道罗斯福不愿再度竞选，却立刻将他的名字列入提名。其他被提名的还有吉米·法利和康德尔·赫尔。但是，第一次投票罗斯福得到 946 又 1/2 票，吉米·法利便马上退出并获全场一致同意，罗斯福在一片拥护声中再度被提名。

1940 年的总统竞选活动是美国有史以来最多姿多彩也最吸引人的一次，两党都有数千人在为之工作，他们之中有些甚至从未参与过政治，特别是一些年轻人。时代是阴暗的，问题是严重的，选民要做出抉择从未比这次更需要慎重。然而，两位候选人罗斯福和威尔基都是自由主义的、国际性的，并且都拥护同样的事情。这真是两位知名人物间的争战。选举那天差不多有五千万人前往投票所进行投票，这是全国选举前所未有的一次总体投票。

罗斯福得到了又一次的胜利！他得到的一般投票比威尔基多了五百万，他得到除了十州以外的全部票数。

当罗斯福和夫人坐在海德公园倾听结果时，他心里清楚那刚结束的八年已经将他的精力耗去了一大半。通常当了八年的总统对一个想为国家有所贡献的人来说已经是足够了，尤其

难得的是他所面对的都是特殊问题。但是前面还有更大的问题，美国人民要求他再多服务 4 年，因为世界战争的局势变得更黑暗了。

战争气氛比以前任何时刻都要浓厚。选举日之后不久，一位新的成员便加入了罗斯福的生活圈子。那是只有 8 个月大的苏格兰黑狗，它是罗斯福的表妹格丽特·莎克丽送给他们一家的礼物，而它也将光明和快乐带进了这个家庭。罗斯福将狗的名字缩短为法拉，从没有一只狗对他有过如此重要的意义。从那时开始，法拉几乎与总统一样经常出现在新闻照片上，因为他们总是在一起。

法拉在白宫就像是主人一样，每天早上散步过后，它会跳上总统的床，在总统的早餐托盘上找寻狗食饼干。不管总统白天多么疲倦，每天晚上他总要在休息之前花些时间逗逗法拉。法拉视察防御工事并出席历史性会议；它乘坐公务车也参加记者招待会。

12 月，法拉陪总统到温泉谷休憩。

感谢罗斯福慷慨的朋友们和"一人一分钱运动"，温泉谷的设施仍在被改进。1937 年有一个分会成立了，它主要是靠乔治亚·威尔金斯小姐捐赠的基金，服务人员是为天主教徒、新教徒及犹太教徒的病患们所提供的，在那里只有一些座位和很多为轮椅及担架准备的空间。

第二年，"撑木商店"开张了，适合各种病人的设备都在那里不断地被设计和实验。罗斯福腿上的撑木一度重达 40 磅，而现在它们只有 20 磅，因为那时已开发出一种较轻的撑木。

就在这年的前一年，学校及图书馆也成立了，它们是 S·平克内·塔克太太的礼物。孩子们和年轻人在温泉谷治疗时，也可以在那里继续正规的学校教育。医疗大楼兴建完成后，外科整形医生可以在那里做手术来改善残障者的行动情况。

后来电子显微镜经过了改良，使得高倍放大变为可能，于是某些形态的病原体都可以在显微镜下被看见并被照相，也许这便意味着最后科学家将可以“看见”小儿麻痹病原体，那被公认为是病原体中最小的一种。当许多地方的人们正计划阴谋想要破坏人类的生命和快乐之时，挽救生命的研究仍然继续着，这件事的确令人感到欣慰。

休息过后，罗斯福总统返回华盛顿，在国会联合会议之前发表了他著名的“四大自由”演说。他告诉国会，“四大自由”即言论自由、信仰自由、免于匮乏及免于恐惧自由。他明确指出这些“自由”正在遭受被破坏的危机，他知道他的语气是多么沉痛，而每一位听众也都能了解他的苦心。

他的四个儿子注定都要服兵役，30 岁刚出头的詹姆士已经在缅因州后备兵团服役将近四年；艾略特自愿进入空军兵团；小罗斯福是后备海军；最小的约翰不久将被任命为海军上尉。

他的“四大自由”演说发表大约一个月后，国会通过了《租借法案》，允许美国给同盟国运送金钱和物资。

资料链接

《租借法案》

1941 年美国国会通过的向反法西斯国家提供援助的重要法案。第二次世界大战的爆发使美国日益受到纳粹德国侵略扩张的威胁。德国入侵西欧后，罗斯福政府为了美国自身的安全和防御，并扩大势力范围，确立战后美国在世界上的领导地位，决定加强对处境困难、财政拮据的英国的援助。1940 年 12 月 17 日，罗斯福总统发表讲话，提出美国可以借出军火，并用生动的比喻加以说明：假设邻居失火，我只能把浇园的水龙带借给他去灭火，而不应让他事先付钱买这条水龙带，待火灭后邻居原物送还即可。1941 年 3 月 11 日，参、众

两院通过的《租借法案》经罗斯福签署后正式生效。法案授权总统可以以出售、交换、转让和租借的形式向被认为其防御对美国安全具有重大意义的国家提供武器、军用物资、粮食等任何军需品。该法案的通过埋葬了中立法，是美国由孤立主义走向参战的决定性重要步骤。据此，美国共向英、苏、法、中等几十个反法西斯国家提供500多亿美元的战争物资，英帝国约占60%，苏联约占20%，《租借法案》对反法西斯战争的胜利起到了积极的作用。第二次世界大战结束后停止执行。

希特勒仍然在继续侵略扩张。1941年6月，他无视德苏互不侵犯协定，向苏联发动大规模的军事侵略，苏德战争爆发。罗斯福总统和丘吉尔首相想要会面，却都被繁重的公务缠身。但是1941年8月，在最机密的情况下，他们终于会面洽谈了3天。丘吉尔首相在H·M·S·威尔斯亲王号上，罗斯福总统在U·S·S·奥古斯都号上准备前往普兰森第海湾中纽芬兰岛上的阿根第港，他们被军舰、飞机、沿岸军队以及烟雾朦胧的天气所保护着。

陪伴总统的随员中有带着珍贵文件草稿的国务次卿沙蒙·威利斯，包括参谋长联席会议主席乔治·C·马歇尔在内的几位将军和一些海军上将以及曾到过英国的亨利·霍普金斯。艾略特和小罗斯福也正好都在这里服役，因此总统有两个儿子随侍身旁。

在会议的第一次正式晚宴上，丘吉尔口沫横飞，每一个人都发现他是个很能吸引观众的演说家，罗斯福总统也以一个应景的问题来支持他。艾略特后来为记录这几次会面的情形写了一份周密的报告："他把雪茄从右手换到左手抽着，但总是快活得很，他的肩膀向前弯曲着，像只公牛，他的手特意在空中挥舞，他的眼睛闪闪发光。"

接下来的会谈很快地就显示出丘吉尔是来劝美国加入战争的，而罗斯福总统来此却是为了计划战后的世界和平。罗斯福总统小心翼翼地占了上风。他说：“我坚决相信，如果我们要达到稳定的和平，就必须使落后的国家进步，这要如何做呢？显然不是用 18 世纪的方法就可以达成的。”

他暗指英联邦自治领地中某些殖民地的情况，丘吉尔也了解他的意思。

两个人都是雄辩滔滔而意志坚强，但是在最后的分析中还是罗斯福获得了胜利。

“和平不能包括任何得以延续的专制政体，”他坚持自己的主张，“人类要求和平便是达成和平的因素。”

虽然他们未能在每件事上都达成协议，但这两人却彼此互相赞美，互相尊敬，早在会谈结束之前他们就以对方的名字相称。会面最重要的原因是威利斯先生带来的草稿，那就是为了这个场合所准备的，而它就是今日众所周知的《大西洋宪章》。会议于 8 月 12 日结束。这次会议被称为大西洋会议。等两人都安全地回到他们各自的首都后，宪章内的条文才和报道他们会谈的新闻一起被公开发表。

《大西洋宪章》阐述了两国不是为他们自己寻求新的领土，他们坚信“各民族有选择与他们生存与共的政府的形态的权利”，战后他们将努力协助别的国家获得繁荣，并且改善他们的经济水平。他们“希望看到建立一种和平，这种和平使所有国家的居民都能在自己的领土内有居住的安全，这种和平也能保证所有国土上的所有人都可以在免于恐惧和匮乏的情况下生活”。

像在第一次当选总统时祈祷上帝给予他力量一样，罗斯福仍然祈祷能有力量和智慧来使这些愿望实现。他居高位时比以前更感孤独，因而时常希望路易斯·何威仍能与他同在。爱乐·韩德小姐去年夏天得了重病，不能再回来与他一起工作了。他的儿子们也都在服兵役。

罗斯福和丘吉尔会谈之后不久，莎拉·德兰诺·罗斯福就去世了，享年 86 岁。几乎一直到临终之时她都是精力充沛而积极活跃的，虽住在纽约市，她却时常会去白宫探望自己的儿子。

总统御医发现罗斯福更愿尽全力奉献自己，因为他的责任已经变得愈来愈重大。欧洲的战争现在已持续了3年，德国的潜水艇变得比第一次世界大战中的更为胆大且作战更有效率。《租借法案》的地位提高了，美国商船也都加以武装。同时，罗斯福和国务卿哈尔正在跟日本大使及其他日本外交官举行会议，商讨预做太平洋地区战争的安排，显然日本也像他们一样热切地关心这个问题。

然而，他们却被骗了。

1941年12月7日星期天下午，罗斯福总统接到纳克斯部长的电话，告诉他日本飞机在夏威夷的珍珠港偷袭了美国舰队。

罗斯福对于这个背叛行为感到震惊、愤怒而且厌恶，他立即召集那些他最亲近也最重要的人：爱伦娜·罗斯福——她正在白宫招待客人、亨利·霍普金斯、赫尔国务卿、纳克斯部长、史丁逊部长、马歇尔将军和葛丽丝·杜丽。听到连续的新闻报道后，每个人的脸上看起来都更加苍老而且发白。

美海军太平洋舰队的每一艘战船都被炸坏了，其中还有五艘沉了下去。巡洋舰、驱逐舰和潜水艇都被炸毁，2000名以上的海军及海军陆战队士兵阵亡。

等詹姆士·罗斯福来时，罗斯福抬头看着他，说道，“詹姆士，事情终于发生了！”

资料链接

珍珠港事件

1941年12月7日（夏威夷时间）清晨，位于太平洋中部的瓦胡岛上是一片歌舞升平的和平景象。这一天正好是星期天。飞机整整齐齐地排列在机场上；军舰被洗刷得干干净净，列队排在码头上，好像准

日本海军偷袭珍珠港

备接受检阅。突然，几队涂着太阳旗的日本飞机钻出云层，把炸弹投向机场上的飞机，将鱼雷射入停在码头的军舰。刹那间，珍珠港由平静的港湾变成了一片火海，港内黑烟四起，火焰冲天，四处响起了爆炸声。几艘军舰很快葬身海底，有的军舰中弹燃烧后半浮半沉。在这幅照片中，珍珠港内的一艘军舰正在熊熊燃烧，消防队员正在奋力灭火，但也无济于事。在珍珠港事件中，美国太平洋舰队受到严重损失，有四艘主力舰、三艘巡洋舰、三艘驱逐舰被炸沉，飞机损失一百八十八架，美军伤亡3000多人。相比之下，日本方面仅损失二十九架飞机和几艘自杀性小型潜艇。

那天晚上总统召集了一次内阁会议，5点钟时他已经准备口述一份将要向国会发布的咨文。

“请坐，葛丽丝。明天我将去国会，现在我要口述一下我的咨文，那是很简短的。”

她遵命地坐下。

“昨天，逗号，12 月 7 日，逗号，1941 年，破折号，是败坏了声誉的一天，破折号，美国突然被日本帝国的海、空军蓄意地侵略，句号，这是一段。”

咨文简短而中肯，第二天他向国会发表时只用了六分钟的时间——

罗斯福签署对日作战命令的历史性时刻

战争行为存在着。我们的人民，我们的领土以及我们的利益正受到严重的损害，这是不容忽视的事实……我要求国会宣布，自日本在 12 月 7 日发动无理而卑鄙的侵略后，交战状态便已存在于美国和日本帝国之间了。

在他撰写咨文的时间里，日本已经侵略了马来西亚、香港、关岛、菲律宾、威克岛以及中途岛。太平洋战争爆发了。

国会所倡导的宣战是指全国总动员，包括农业、工业、男人及女人的自由与特权将停止、一个自由民主的社会不代表每一件事情，以及总统必须担任最高统帅的角色。如果这些自由和特权在战后能够归还人们，则大部分得归功于战时当政或当权人们的廉洁。

1942 年是美国历史上最黑暗的一年，也是第二次世界大战中最惨烈的一年。但就在这一年以及其后数年中，富兰克林·罗斯福却晋升到最高的身份，担任着美国总统及反法西斯盟国的最高领袖之一。他、丘吉尔首相和苏联的斯大林最后成为知名的二战“三巨头”。

罗斯福从未放弃过他的目标。在那最黑暗的一年的第一天，26 国代表在华盛顿签署了《联合国宣言》来赞成《大西洋宪章》，并且同意不和轴心国和解，丘吉尔为了这件事还亲自前来华盛顿，6 月，他又为了进一步的联合计划而再度前来。那时日本已经征服了威克岛、新加坡，新几内亚、菲律宾、阿留申群岛及中途岛，轴心国在北非也将英国第八军团打了回去。

秋天，爱伦娜·罗斯福到英国做第一次战争旅行，她在那里跟英国政府交换民防工作的意见，拜访红十字会并探望住院的伤患。在整个战争期间，她的旅行一直有着非常紧凑的时间表。她也为报纸撰写专栏，写作收入一半捐给红十字会，一半捐给美国之友公益会。她第二次进行战争旅行到太平洋战场时，在那里看到许多受伤和发疯的年轻人，返乡时她心中便怀着一个疑问："为什么会发生这种事呢?"

罗斯福被同样的问题驱使着于 1943 年 1 月亲自前往北非，他在卡萨布兰卡的十天当中会晤了丘吉尔、法国的查理士·戴高乐将军、艾森豪尔与马歇尔将军、鄂尼斯·金上将以及英国高层官员，共同计划了进一步的战略。

"我们和所有站在国际联合阵线的国家都想要一个高雅与持久的和平。"他在出发前往北非之前向国会说道，而在卡萨布兰卡他则谈到了他心中的战后组织。

这一次丘吉尔和罗斯福两人对彼此的个性都已有了深刻的了解，但是罗斯福发现戴高乐将军则和他们完全不同，这位法国领袖是倔强而淡漠的。

罗斯福的 4 个儿子现在都已经在战场上，当他在卡萨布兰卡能够见到艾略特和小罗斯福时，他们都特别令他感到安慰。艾略特是侦察队队长，小罗斯福则在地中海的"梅润号"驱逐舰上，约翰在"某处"的航空母舰上，詹姆士则随查尔森的特别攻击队在太平洋上，而安娜的先生也在陆军作战。

在北非时，罗斯福坚持要尽他所能地多看看，于是他不顾炙

热的太阳和战略会议之后的疲惫，坐着吉普车出去视察军队，穿梭于满目疮痍的战区。

同盟国领袖的下一次重大会议于 1943 年 12 月在德黑兰举行，那里是中立的伊朗或波斯的首都。在那次会议中，他又认识了另一个人物：约瑟夫·斯大林。他发现斯大林外形虽然短小健壮，但却有着钢铁般的意志，忧郁而多疑，对他的国家在战后参与任何世界组织一点也不热心。

资料链接

德黑兰会议

德黑兰会议是第二次世界大战期间，美、英、苏三国首脑罗斯福、丘吉尔和斯大林在伊朗首都德黑兰举行的会议。1943 年反法西斯战争各主要战场形势发生根本转折，盟国已经取得战略进攻的主动权。为商讨加速战争进程和战后世界的安排问题，美、英、苏三国首脑于 1943 年 11 月 28 日至 12 月 1 日在德黑兰举行会晤。

德黑兰会议的主要内容有：①开辟欧洲第二战场问题。决定于 1944 年 5 月在法国南部开辟第二战场；②就战后成立一个维护世界和平与安全的国际组织问题交换了意见；③就战后如何处置德国的问题进行了初步讨论，三国提出不同的分割方案；④波兰问题。三国一致赞成战后重建独立的波兰，其边界西移，将德国东部的部分地区并入波兰；⑤苏联对日作战问题。苏联表示在欧洲战争结束后参加对日作战，并提出归还整个库页岛等条件。

会议签署了《苏、美、英三国德黑兰宣言》和《苏、美、英三国德黑兰协定》，三国表示今后将“共同协作”“力求所有大小国家的合作……全心全意抱着消除暴政和奴役、迫害和压制的真诚”（这些表达在日后的历史中都被证明不过是一席冠冕堂皇的逢场空话）。此次会议是反法西斯联盟三大盟国首脑在第二次世界大战中的首次直接会晤，对维护和加强盟国间的团结与合作，协调军事战略行动，加速反法西斯战争的胜利起了重要作用。但是三国在会议期间为自身利益达成的一些损害他国利益的妥协和默契，又给战后的国际关系造成了不良影响。

开罗会议

第二次世界大战期间，1943 年 11 月 22～26 日，中国、美国、英国三国政府首脑在开罗举行的国际会议。参加会议的有美国总统富兰克林·罗斯福、英国首相温斯顿·丘吉尔和中国国民党政府主席蒋介石。1943 年是第二次世界大战战场形势发生根本转变的一年。三国举行这次会议的目的在于：加强反法西斯同盟国之间在军事和政治上的协调行动，讨论制定联合对日作战计划和解决远东问题。会议签署了《中美英三国开罗宣言》，简称《开罗宣言》。

会议结束后，《开罗宣言》经斯大林同意于 1943 年 12 月 1 日公布于世。宣言声明：对日作战的目的在于制止并惩罚日本侵略；剥夺日本自第一次世界大战开始后在太平洋地区所夺得或占领之一切岛屿；日本攫取的中国的领土，如满洲（中国东北）、台湾、澎湖列岛等归还中国；在适当时候使朝鲜自由独立。宣言最后宣称：将坚持长期作战以迫使日本无条件投降。

要将这么多不同的人物和国家为了他们相互的利益而联合起来是不容易的，协调他们的重任大多落在了罗斯福的身上。他知道，战后他们开始再次感到安全时，想要联合他们将会变得更加困难了！

在北非、苏联前线及缅甸的局势已有所转变，当诺曼底沿岸的欧洲大陆被开辟为战场且被宣布时——“D”日，1944 年 6 月 6 日（这个战略是在德黑兰拟出来的）同盟国差不多已经完成了他们对意大利的占领。

7 月中旬，罗斯福已经在前往夏威夷的路上，他将到那里去跟两大统帅会谈——道格拉斯·麦克阿瑟五星上将和契斯特·尼米兹海军上将。罗斯福在太平洋战场时，曾亲自到各医院看望受伤士兵，许多人都不相信那真的是他。他自己也曾经被病魔击倒过，因此他知道如何跟受到打击的人谈话。他了解当一个

人知道将有一个突然来临的新障碍要应付时所感受到的沮丧，于是他带着欢乐的笑声和令人发笑的笑话巡视病房。当他看到士兵们精神昂扬、欢笑处处时便觉得欣慰无比。

1944 年罗斯福与麦克阿瑟将军及海军上将尼米兹摄于夏威夷的威奇奇

回到美国后，他被正式通知民主党全国代表大会已经提名他竞选四度连任，他们期望在投票所再为他制造一次轰动。民主社会必须具备的选举是战争期间没有被停止的特权之一。

富兰克林·罗斯福是西方世界的领导人物，是他以自己的外交手腕赢得了与戴高乐的合作；是他为丘吉尔和斯大林寻求出和平解决他们之间问题的办法；是他以卓越的眼光和甘愿奉献的诚心去正视横亘在和平之前的危险；是他思索着那些问题该如何对抗。他在夏威夷时，一个 44 国联合预备会议在新罕布什尔州的布莱顿树林召开，目的是研究解决战后世界的银行及金融问题。于是，在布莱顿树林建立国际银行的计划被拟定了，这是将世界商业再度带动使之正常运转所急需的第一步，罗斯福也使得这一步的完成成为可能。

之后召开的是次月在华盛顿的顿巴敦橡园的会议，有来自中国、苏联、英国及美国的外交官们在此起草《联合国宪章》草案。他们的异议并没有完全消除，但是罗斯福估计他们仍然能够达成百分之九十的协议。

顿巴敦橡园会议之后，罗斯福又赶往魁北克出席另一个与温斯顿·丘吉尔的会议。

11 月，他得到美国人民信任投票的压倒性胜利，选举日之后不久，他便前往温泉谷休息了一阵。他太疲倦了，虽然从麦因特上将和其他五位咨询医生所做的全身检查中都指出他的健康处于极好的状态，但是他却瘦了好几磅。自从美国参战后，他就很少去温泉谷了，1942 年整年都没去，1943 和 1944 年都只去了一次。

1943 年罗斯福全家在海德公园欢度圣诞节时摄于圣诞树前

但是目前罗斯福的家人不同意医生对他健康的乐观看法，当詹姆士为了就职典礼而回到他身边时，他被父亲的外貌吓了一跳。罗斯福把一只手放在大儿子的手臂上，他承认要独立完成典礼是有点困难。然而，当他们父子促膝而谈时，总统也说他唯一担心的就是下一次的“三巨头”会议。他想去出席会议以协助形成公正而持久的和平。

“我们能够，并且我们将会获得这种和平，”他在第四次就职演说中说道，“我们知道我们无法离群独居，我们的福祉仰赖于其他远方国家的福祉。我们必须活得像人，而并非是像鸵鸟，也不是像坏家伙。我们要学习做世界的公民，人类社会的成员，这是个简单的真理。”

“三巨头”会议于 1945 年 2 月在位于苏联南部黑海的克里米亚半岛海岸上的雅尔塔召开。罗斯福、丘吉尔和斯大林在雅尔塔对许多领土分配及停战条件的问题达成了协议，为各国消除了一些异议，并且赞成派代表出席 4 月在旧金山召开的会议以建立一个“联合国组织”。

“亲爱的爱伦娜，”罗斯福写信给他的妻子，“我们已经结束了会议，我想会议是成功的，写这封信只是告诉你我们已经离开雅尔塔前往苏伊士运河，然后就会回家，但是我怀疑我能否在28日之前到家，我有点疲惫，不过真的还好。”这里的“我们”，这次还包括他的女儿安娜。

雅尔塔密约的三巨头——斯大林、罗斯福、丘吉尔

资料链接

雅尔塔会议

雅尔塔会议是第二次世界大战末期美、英、苏三国首脑在苏联克里米亚半岛雅尔塔举行的会议，又称克里米亚会议。1945年初，德国法西斯临近灭亡，反法西斯战争接近最后胜利，美、英、苏之间的矛盾日益明显暴露。为加强相互信赖，协调战略计划，尽快结束战争，安排战后国际事务，维护战后和平，三国首脑富兰克林·罗斯福、温斯顿·丘吉尔和约瑟夫·斯大林于1945年2月4～11日在雅尔塔举行会议。会议的主要内容有：①战后处置德国问题，决定由美、英、法、苏四国分区占领德国和德国必须交付战争赔偿以及彻底消灭德国军国主义和纳粹主义的一般原则。②波兰问题，三国决定波兰东部边界大体上以寇松线为准，在若干区域作出对波兰有利的5～8公里的逸出，同意波兰在北部和西部应获得新的领土，其最后定界留待和会解决；关于波兰政府的组成经过激烈争论，同意以卢布林的波兰临时政府为基础进行改组，容纳国内外其他民主人士。③远东问题，苏联承诺在欧洲战争结束后2～3个月内参加对日作战，其条件是：维持外蒙古的现

状，库页岛南部及邻近岛屿交还苏联，大连商港国际化，苏联租用旅顺港为海军基地，苏、中共同经营中东铁路和南满铁路，千岛群岛交予苏联。④联合国问题，同意苏联的乌克兰和白俄罗斯加盟共和国为联合国创始会员国，决定美、英、法、苏、中五国为安理会常任理事国，规定实质性问题常任理事国一致同意的原则。此外，会议还讨论了希腊、南斯拉夫、意大利等欧洲国家的有关问题。会议签署了《雅尔塔协定》，通过了《被解放的欧洲的宣言》和《克里米亚宣言》等文件。此次会议巩固和维护了三国战时联盟，对协调盟国对德、日作战，加速反法西斯战争的胜利进程和促进战后和平稳定局面的形成起到重要积极作用，为联合国的建立奠定了基础。但会议的某些协议未经有关国家同意，具有明显的大国强权政治和绥靖政策的倾向，严重损害了中国等国的主权、利益和领土行政完整。三大国在会议上作出的战后世界秩序的安排被称为雅尔塔体系，对战后世界影响巨大。

这次会议是继1943年的德黑兰会议后的第二次同盟国首脑会议。这次会议的结论在1945年7～8月的波茨坦会议就有所争议。许多人批评此次会议使苏联以及各国共产党得以控制中欧，东欧以及亚洲许多国家，因为在会中美国总统罗斯福以及英国首相丘吉尔都没有依照当时被占领的国家之期望，要求战后被苏联“解放”的国家交由联合国代管。此外为争取苏联对日宣战，会中部分内容侵犯中国权利甚大。会前其他国家并不知情，故其结论亦有“雅尔塔密约”之称。

雅尔塔会议对苏联来说，是一次取得广泛成果的会议。主要是：取得了分区占领德国的权力；确定了有利于苏联的苏波边界，保留了苏联支持的波兰卢布林政府；“大国一致”的原则确立了苏联在联合国的牢固地位和作用；在远东获得了极大的权益。所以，就建立苏联在东欧的势力范围和确保苏联在战后欧洲和世界格局中的有利地位而言，雅尔塔会议实际上是向苏联颁发了承认书和授权书。

雅尔塔会议基本上解决了战后和平与安排的问题。同年7～8月苏美英三国首脑的波茨坦会议实际上是对雅尔塔会议的决议和规定作了进一步的补充和修缮。会议主要讨论了德国问题、波兰问题、对意大利等战败国的基本政策和黑海海峡问题等。规定：必须使德国非军国主义化、民主化和肃清纳粹主义；苏美英法四国总司令分别在各自的占领区内行使管理权；英美承认波兰临时政府并与流亡政府断交；波兰西部边界问题由和会最后决定；设立外长会议讨论对德国和意大利等战败国的和约问题；认为关于海峡的《蒙特勒公约》应予修订；哥尼斯堡及其附近地区划归苏联。

雅尔塔会议对于缓和盟国之间的矛盾、加强反法西斯统一战线、协调对德日的作战行动、加速反法西斯战争胜利进程以及战后惩处战争罪犯、消除纳粹主义和军国主义势力影响等起了重要作用，对战后世界格局的形成产生了深远影响。会议背着中国政府作出的有损中国领土和主权的决定，是大国沙文主义和强权政治的表现，更是绥靖政策又一次发展到高潮的标志。

3月1日，罗斯福总统向国会发表演讲，报告了雅尔塔会议的结果。他做了一些他以前从未做过的事情，他坐下来说话以避免用撑木站着时所感受到的紧张。

为了储备出席旧金山会议时所需要的力量，罗斯福在温泉谷度过了一次“不公开的”假期，他于3月30日到达那里，法拉跟他在一起。许多日子来没有见到他的温泉谷的人们，发现总统看起来是那样得衰弱与疲倦，他们都对此感到很惊讶！但是松林里的空气、乔治亚的阳光以及在温水池中游泳几乎立刻就使他恢复了原状。

4月1日是复活节，那天早上他满心欢喜地前往基金会教堂去做礼拜。接下来的1个星期中，他回复信件、接见访客、谈论旧金山会议的计划以及在温泉谷的烤肉计划。11日，即星期三的下午，他撰写准备于星期五的杰弗逊日晚宴中发表的演讲初稿。

4月12日早上，他坐在壁炉前面，桌上摊着一份州报，他正在一面看报，一面工作。在房间的另一角，画家伊丽莎白·萧玛多福夫人站在一个大画布前面作画，她刚开始为总统作人物素描。她在他的肩上披了一条蓝色的斗篷。此外，她一再试着使他说话来捕捉他脸上不同的表情。

房间里还有其他的人，但是他们并没有分散总统或画家的注意力。他的表妹玛格丽特·莎克丽小姐正静静地坐在椅垫上进行钩织；他的另一位表妹罗拉·德兰诺小姐在插花；还有一位女仆在摆饭桌准备午饭。

突然总统用手紧握住他的前额，然后捏了捏颈后。

"我头疼得厉害！"他说。

莎克丽小姐听他这么说便抬起头来。

他的左手臂似乎要松弛了，头部向前低垂，接着猛然无意识地翻过椅把跌了下来。

两个表妹立刻冲过来扶他。

"叫警卫人员立刻去请医生！"莎克丽小姐对那位画家说道。萧玛多福夫人立刻跑了出去。

莎克丽小姐自己抓起电话，告诉接线生去叫医生，几分钟后，何华·布鲁恩医生便从医疗池那里冲了上来。

总统的侍卫和其他人将他抬到床上，医生迅速脱下他的衣服，尽其所能地对他进行治疗，然后对那些为总统担忧的人说："是脑溢血。"

罗斯福总统再也没有恢复知觉，病发后的1小时20分钟他就去世了！

这个突如其来的消息把每个人都吓得不知所措。过了一会儿，他们便开始明白这是必然的结果。于是他们打电话到白宫、到国务院以及各大报社。

上飞机前往温泉谷之前，爱伦娜·罗斯福都给她的每一个孩子拍了一封电报。

亲爱的孩子们：你们的爸爸今天下午过世了！他一直工作到了最后，就像他要你们做的那样。祝福你们！附上我们所有的爱。

妈妈

富兰克林·罗斯福的埋葬仪式和丧礼都是按照他多年前向家人表示的意愿安排的。先是在白宫，然后在海德公园村的礼拜仪式都朴实而简单。在哈德逊河盆地中长青树围篱的隐蔽之下，他躺在自己的土地上——一片方形草地的中央。

在小白宫桌上的文件中，有一份是他为杰弗逊日的晚宴所撰写的演讲稿。它的结尾几句是：

> 对于所有奉献自己而与我们共同努力谋求永久和平的美国人，我要说的是：我们对觉悟的唯一限制是我们对今日的猜疑。让我们怀着坚强而积极的信心努力向前迈进！

资料链接

《波茨坦公告》

这是1945年7月26日在波茨坦会议上美国总统哈利·S·杜鲁门、“中华民国”国民政府主席蒋介石和英国首相温斯顿·丘吉尔联合发表的一份公告《中美英三国促令日本投降之波茨坦公告》，简称《波茨坦公告》或《波茨坦宣言》。这篇公告的主要内容是声明三国在战胜纳粹德国后一起致力于战胜日本以及履行《开罗宣言》等战后对日本的处理方式的决定。

1945年7月17日，苏美英三国首脑在柏林近郊波茨坦举行会议，会议期间发表对日最后通牒式公告。由美国起草，英国同意。中国没有参加会议，但公告发表前征得了它的同意。苏联于8月8日对日宣战后加入该公告。

公告共30条，主要内容有：盟国将予日本以最后打击，直至日本停止抵抗；日本政府应立即宣布所有武装部队无条件投降；重申《开罗宣言》的条件必须实施，日本投降后，其主权只限于本州、北海道、九州、四国及由盟国指定的岛屿；军队完全解除武装；战犯交付审判；日本政府必须尊重人权，保障宗教、言论和思想自由；不得保有可供重新武装作战的工业，但容许保持其经济所需和能偿付货物赔款之工业，准其获得原料和资源，参加国际贸易；在上述目的达到和成立和平责任政府后，盟国占领军立即撤退。

1945年8月15日，日本天皇宣布接受《波茨坦公告》，向盟军投降——

内容：

一、我等战胜国首脑，代表我等亿万国民，业经会商并同意对日本应予以一机会，以结束这次战争。

二、美英之庞大陆海空军，籍由西方调来之军队，业已增强数倍，即将予日本以最后的打击。彼等之武力，受所有联合国之决心而支持及鼓舞。对日作战，至其停止抵抗为止。

三、德国无效果及无意识抵抗全世界激起之自由人民力量，所得之结果，彰彰在前，可为日本人民之殷鉴。此种力量，当对付抵抗之纳粹时，不得不将德国人民的土地、工业及其生活方式摧毁殆尽。然现在集中对付日本之力量，则较之更为庞大不可衡量。我等之军力更加以我等之意志为后盾，若予以全部实施，必将使日本军队完全毁灭，无可逃避，而日本之本土，必将终归全部破坏。

四、现应即早决定，日本是否仍继续受其一意孤行、计算错误、使日本帝国已陷入完全毁灭之境之军人所统制？抑或走向理智之路。

五、以下为我们之条件，我们决不更改，亦无其他另一方式，犹豫迁延更为我们所不容。

六、我们坚信，若不将穷兵黩武之军国主义驱出世界，则和平安全及正义秩序不能产生。故决将欺骗及误导日本人民使其妄欲征服世界之政权及势力，永远扫除。

七、直至如此之新秩序成立之时，及直至日本制造战争之力量已毁灭有确实的证据时，日本领土经盟国之指定必须领，俾我们在公告中所陈述之基本目的，得以完成。

八、《开罗宣言》之条件必须实施，而日本之主权必将限于本州、北海道、九州、四国及我们所指定其他小岛之内。

九、日本军队，完全解除武装以后，将被允许返回家乡，得有和平及生产、生活之机会。

十、我们无意识奴役日本人民，或消灭其国家。但对于战罪人犯，包括虐待我们俘虏在内，将处以法律之裁判。日本政府必须将阻止日本人民民主趋势之复兴及增强之所有障碍予以消除。言论、宗教及思想自由，以及对于基本人权之重视，必须成立。

十一、日本将被许维持其经济所必需及可以偿付货物赔款之工业，但可以使其重新武装作战之工业不在其内。为此目的，可准其获得原料，以别于统治原料，日本最后参加国际贸易关系当可准许。

十二、上述目的达到，并以据日本人民自由表示之意志，成立一倾向和平及负责之政府后，同盟国战领军队当即撤退。

十三、我们通告日本政府，立即宣布所有日本武装部队，无条件投降。并对此种行动有意识行为予以适当之各项保证。除此一途，日本即将迅速完全毁灭。

罗斯福年表

1882 年　1 月 30 日，生于纽约州海德公园村。3 月 22 日，在海德公园圣公会小教堂接收洗礼，被取名为富兰克林·德兰诺·罗斯福。

1884 年　夏季，随父母第一次去欧洲旅行。

1887 年　初夏，随父母去白宫拜访克利夫兰总统。

1890 年　开始集邮。

1896 年　9 月，进入葛罗顿公学。

1897 年　夏，父亲送给他一艘单桅小帆船"新月号"。

1898 年　夏，欲与同学逃离学校参军，未遂。

1900 年　6 月，从葛罗顿公学毕业。9 月，进入哈佛大学。12 月 7 日，父亲詹姆士·罗斯福去世，享年 72 岁。

1901 年　以出色的表现被选为哈佛校报《红色哈佛报》编辑。1903 年被选为该报主编。

1904 年　6 月，从哈佛大学毕业，获学士学位。秋季，入哥伦比亚大学法学院就读。

1905 年　3 月 17 日，与西奥多·罗斯福的侄女爱伦娜·埃莉诺·罗斯福结婚。

1906 年　5 月 3 日，女儿安娜出生。

1907 年　结束在哥伦比亚大学法学院的学业。通过纽约律师协会的考试，进入华尔街一家律师事务所。同年，长子詹姆士出生。

1909 年　参加纽约参议员竞选并获胜。

1910 年　11 月初，儿子艾略特出生。

1910～1913 年　任纽约州参议员。

1911 年　初次拜访伍德洛·威尔逊。

1912 年　6 月，为威尔逊获得民主党总统候选人提名奔走。

1913 年　3 月，威尔逊出任第二十八届美国总统。罗斯福被任命为海军副部长。

1914 年　竞选联邦参议员，失败。儿子富兰克林出生。8 月 12 日，美国国会批准扩充海军的计划。

1920 年　6 月，被提名为民主党副总统候选人，辞去海军部的工作，投入竞选。11 月 6 日，在大选日被击败。

1921 年　出任马利兰信托储蓄公司纽约分公司经理。8 月，在芬迪湾坎伯贝乐患小儿麻痹症，双腿瘫痪。

1924 年　6 月 24 日，出席民主党全代表大会，发表"快乐勇士"演说，争取阿弗烈·史密斯的提名。秋季，去佐治亚温泉治病，疗效显著。

1926 年　在佐治亚温泉建立非营利性的小儿麻痹水疗中心。

1928 年　11 月 6 日，在纽约州州长竞选中获胜。

1929 年　1 月 1 日，正式就任纽约州州长。4 月 3 日，首次用无线电广播发表讲话。

1930 年　11 月，再次当选为纽约州州长。

1931 年　10 月 23 日，宣布参加民主党总统候选人提名的竞选。

1932 年　7 月 2 日，在民主党全国代表大会上发表演说，接受总统候选人提名。9 月 12 日，开始在全国各地巡回演讲。11 月 8 日，在大选中击败胡佛。

1933 年　3 月 4 日，宣誓就任美国第三十二任总统。3 月 6 日，发布全国银行休假令。3 月 8 日，举行第一次白宫记者招待会。3 月 9 日至 6 月 16 日，实施"百日新政"。3 月 12 日，发表第一次"炉边谈话"。

1934 年　11 月 6 日，民主党在中期选举中大胜。

1935 年　1 月 4 日，在致国会咨文中提出第二次新政。

1936 年 6月23日至27日，罗斯福再次被提名为民主党总统候选人。8月14日，为竞选连任，发表“我憎恨战争”的演说。

1937 年 1月20日，第二次就任美国总统。2月5日，要求国会通过改组最高法院的计划，国会未予通过。5月1日，国会通过“永久中立法”。

1938 年 1月3日，要求加强美国的军事实力。1月6日，发表声明反对需经公民投票。5月17日，国会根据罗斯福的要求通过《文森海军扩军法》。6月11日，宣布对日本实行飞机和制造飞机重要材料的道义禁运。6月25日，签署《公平劳动标准法》。11月15日，严厉谴责纳粹迫害和屠杀犹太人，随即召回美国驻德大使。12月15日，向中国提供2500万美元的贷款以供抗日之用。

1939 年 1月4日至12日，要求国会批准重整军备的计划。

1939 年 4月11日，明确宣称美国站在民主国家一边。4月15日，向墨索里尼发出公开信。9月8日，宣布全国处于有限紧急状态。9月21日，要求国会废除中立法中的禁运条款。11月4日，任命一批物理学家组成核研究委员会。11月4日，签署新中立法，取消武器军火禁运条款，实行“现购自运”原则。

1940 年 1月3日，要求国会拨款18亿美元用于国防。1月26日，废除美日商约。5月16日，要求国会批准为陆海军追加11.82亿美元的预算。6月10日，谴责意大利的侵略行径，表示要坚决援助英、法。6月15日，下令研究原子弹。6月19日，组建两党联合政府，任命共和党人史汀生、诺克斯分别担任陆军部长和海军部长。7月15日至19日，第三次被提名为总统候选人。7月20日，签署两洋海军法案。9月25日，宣布给中国2500万美元贷款。11月12日，第三次当选美国总统。11月30日，日本正式承认汪伪政

权。罗斯福宣布给中国1亿美元的贷款。12月17日,建议对英国出借武器。12月29日,在炉边谈话中称,美国必须成为民主国家的伟大兵工厂。

1941年　1月6日,在致国会的年度咨文中,提出四大自由。3月11日,国会通过《租借法案》。3月27日,国会拨款70亿美元供执行《租借法案》使用。5月27日,宣布全国处于无限制紧急状态下。6月14日至17日,下令冻结德、意在美国的全部财产。7月26日,下令冻结日本在美财产,美日贸易完全终止。7月26日至8月2日,总统特使霍普金斯访苏,从而开始了在反法西斯战争中美苏合作的新局面。8月9日至12日,罗斯福与丘吉尔举行大西洋会议,14日公布《大西洋宪章》。8月17日,警告日本政府不要采取进一步的武力行动。9月7日,罗斯福的母亲莎拉·德拉诺·罗斯福去世,享年87岁。10月30日,批准给苏联10亿美元贷款。11月17日,国会应罗斯福要求修改1938年中立法,允许武装美国商船。11月26日,国务卿何尔奉罗斯福之命,向日本提出了被日方认为是最后通牒的《四点口头声明和十点备忘录》。12月7日,日军偷袭珍珠港,向英、美、荷宣战,太平洋战争爆发。12月8日,美国对日宣战。12月22日,丘吉尔抵达华盛顿和罗斯福会谈。

1942年　1月1日,发表由26个国家签署的《联合国家宣言》。1月21日,任命史迪威为中国战区参谋长。2月7日,致电蒋介石,向中国提供5亿美元的财政援助,并赞扬中国英勇抗击日本的行为。4月1日,批准将美国太平洋沿岸的美籍日本人和日侨迁到内地集中管理。4月18日,美国飞机首次轰炸东京。6月5日至7日,中途岛大战,日军惨败,是太平洋战场的转折点。6月12日,美苏和英苏公布苏英条约和苏美合作协定,以及关于1942年在欧洲开辟第二战场的协议。8 月 12 日，美国制定《曼哈顿工程计划》。8 月 17 日，美国飞机首次袭击欧洲大陆。10 月 9 日，美、苏同意放弃在华治外法权。

1943 年　1 月 14 日至 23 日，与丘吉尔在卡萨布兰卡会晤。2 月 4 日，向斯大林祝贺斯大林格勒大捷。8 月 11 日至 24 日，罗斯福与丘吉尔在加拿大的魁北克会谈。11 月 22 日至 26 日，罗斯福、丘吉尔、蒋介石举行开罗会议，发表《开罗宣言》。11 月 28 日至 12 月 1 日，罗斯福、丘吉尔、斯大林举行德黑兰会议，发表《德黑兰宣言》。12 月 2 日至 7 日，罗斯福与丘吉尔、蒋介石继续在开罗举行会谈。12 月 15 日，美军在新大不列颠岛登陆。

1944 年　4 月 22 日，派遣美军观察团赴陕甘宁边区考察。因蒋介石阻挠，7 月才成行。6 月 6 日，美英盟军在诺曼底登陆。6 月 18 日至 30 日，日本舰队在太平洋莱特湾遭到决定性的失败。6 月 7 日，签署《士兵权利法》。7 月 19 日至 20 日，第四次被提名为民主党总统候选人。8 月 21 日至 10 月 9 日，促成美、苏、英、中代表在华盛顿举行会议，计划建立维护世界和平的联合国。8 月 25 日，盟军解放巴黎。9 月 6 日，派赫尔利访华。9 月 11 日至 16 日，与丘吉尔再次在魁北克会晤，筹划打败德、日事宜及战后处置方案。9 月 18 日，致电蒋介石，指出中国战场局势严重，要求让史迪威立即统帅全部中国军队抗日。10 月 18 日，召史迪威回国，以魏德迈接替。11 月 7 日，击败共和党人托马斯·杜威，第四次当选美国总统。11 月 24 日，美军 B—29 轰炸机首次对日本进行大规模轰炸。

1945 年　1 月 6 日，提交致国会的 1945 年度国情咨文，呼吁国会对联合国组织给予理解和支持。1 月 20 日，第四次宣誓就职，担任美国总统。2 月 4 日至 11 日，罗斯福、斯大林、丘吉尔举行雅尔塔会议，签订《雅尔塔协定》。2 月

25 日，美军攻占菲律宾首都马尼拉。3 月 9 日，美军 B—29 战略轰炸机大举轰炸东京。3 月 26 日至 6 月 30 日，美军实施冲绳岛登陆作战。4 月 12 日，罗斯福在佐治亚温泉谷因脑溢血去世，享年 63 岁。副总统杜鲁门接替总统职务。